幼儿园公用活动室研究丛书

丛书主编 虞永平 副主编 郑楚楚 张春霞

幼儿园洗涤中心

主　编　钱利琴
副主编　孙　婧　姚振涛
编　委　陈　雯　朱芳艳　朱明英
　　　　周　静　俞晓晨　徐国珍
　　　　张金珍

南京师范大学出版社

图书在版编目(CIP)数据

幼儿园洗涤中心 / 钱利琴主编. —南京：南京师范大学出版社，2023.12
（幼儿园公用活动室研究丛书 / 虞永平主编）
ISBN 978-7-5651-5869-8

Ⅰ.①幼… Ⅱ.①钱… Ⅲ.①幼儿园—教室—环境设计 Ⅳ.①G617

中国国家版本馆 CIP 数据核字(2023)第 182542 号

书　　　名	幼儿园洗涤中心
主　　　编	钱利琴
丛　书　名	幼儿园公用活动室研究丛书
丛 书 主 编	虞永平
丛书副主编	郑楚楚　张春霞
丛 书 策 划	张　莉
责 任 编 辑	官军燕
出 版 发 行	南京师范大学出版社
地　　　址	江苏省南京市玄武区后宰门西村 9 号（邮编：210016）
电　　　话	(025)83598919(总编办)　83598319(客户服务部)　83598332(区域渠道部)
网　　　址	http://press.njnu.edu.cn
电 子 信 箱	nspzbb@njnu.edu.cn
照　　　排	南京凯建文化发展有限公司
印　　　刷	南京艺中印务有限公司
开　　　本	787 毫米×1092 毫米　1/16
印　　　张	12
字　　　数	237 千
版　　　次	2023 年 12 月第 1 版
印　　　次	2023 年 12 月第 1 次印刷
书　　　号	ISBN 978-7-5651-5869-8
定　　　价	40.00 元
出 版 人	张　鹏

南京师大版图书若有印装问题请与销售商调换
版权所有　侵犯必究

总 序

让公用活动室成为给予幼儿的宝贵礼物!

这套系列丛书的筹备灵感源自两个方面:一是对幼儿教育深刻的理解和对幼儿成长需求的敏锐洞察,二是高质量学前教育发展对于幼儿园环境创设、保教质量提升的现实要求。

在瑞吉欧体系中,"环境"被视为儿童的"第三位老师"。空间环境是儿童成长、游戏的场所,也是儿童发展的重要资源。当教室无法满足儿童不断拓展的内在需要和发展需求时,公用活动室作为一种独立于教室之外的公共环境和活动空间,就成为幼儿园中一片蕴藏着无限可能和发展机会的创意天地。有效地创设和利用幼儿园公用活动室,能够满足幼儿游戏、操作、探索和学习的需要,为幼儿园实践保教活动、提升保教质量助力。幼儿园公用活动室的规划和运用不仅仅是空间设计,更是对高质量学前教育理念的践行。

多年来,在《幼儿园工作规程》《幼儿园教育指导纲要(试行)》等的倡导下,各级各类幼儿园陆续开始筹备和建设幼儿园公用活动室,但对于活动室的定位、材料配备、课程建设、科学使用和管理仍在探索阶段。为此,我们在全国范围内邀请了在公用活动室建设和使用上卓有成效的十余所幼儿园,分享他们在公用活动室筹建、发展、使用和管理中的宝贵经验和智慧结晶,汇编成了这套"幼儿园公用活动室研究"系列丛书。

整套丛书涵盖了科学、艺术、游戏、民俗、阅读、工程、生活等各类主题的公用活动室。每一本书都是对一个活动室多元功能的深度挖掘。书中不仅会详细展示幼儿园公用活动室的布置、区域的规划、材料的投放和管理,更提供了大量完整、鲜活、优质的公用活动室活动方案,呈现出公用活动室是如何提供一个充满想象力和探索欲望的环境,成为儿童生活和教育互动的一部分,并为儿童多样化的探索和表达提供机会和可能的。我们希望通过这套系列丛书,为幼儿园教育者、家长以及关心幼儿成长的所有人在幼儿园公用活动室的建设和使用上提供启发和指导。

丛书的顺利出版离不开社会各界的支持和帮助。感谢所有参与丛书编写的成员幼儿园,是你们的实践探索和慷慨分享,使得丛书的诞生成为可能。感谢南京师范大学研究生李可心、向诗雨、郭诗怡为书稿撰写做出的前期研究工作。感谢南京师范大学出版社学前教育分社张莉总编为丛书出版发行所付出的辛劳。

衷心希望"幼儿园公用活动室研究"系列丛书能够成为幼儿教育的得力助手,为幼儿的快乐成长添砖加瓦。愿每一位读者都能在这套丛书中找到灵感,让公用活动室成为给予幼儿的宝贵礼物,为幼儿创造一个充满欢笑和美好的世界!

谨以此序,献给所有关心幼儿成长的您。

郑楚楚

目 录

总　序 ·· 001

第一章　洗涤中心简介 ·· 001
　一、创建背景 ··· 001
　二、创建历程 ··· 003
　三、创建目的 ··· 005
　四、创建要点 ··· 007

第二章　环境布置与设施设备 ·· 012
　一、整体布局 ··· 012
　二、区域设置 ··· 015

第三章　洗涤中心活动方案 ·· 027
　一、洗涤中心总体规划 ·· 027
　二、活动内容与组织形式 ··· 029
　三、洗涤中心活动方案展示 ·· 033
　　方案1：你好，无患子（小班科学） ································ 033
　　方案2：打开无患子（大班科学） ···································· 035
　　方案3：健康的无患子洗手液（中班科学） ······················· 039
　　方案4：有趣的木槿制液（大班科学） ······························ 041
　　方案5：洗涤剂保存小妙招（中班科学） ··························· 044
　　方案6：有趣的溶解（小班科学） ···································· 048
　　方案7：泡泡水发明家（中班科学） ································· 050

方案 8：皂角液的奥秘（大班科学） ·············· 054
方案 9：快乐制"皂"（大班科学） ·············· 057
方案 10：认识草木灰（大班科学） ·············· 059
方案 11：标签我知道（大班美术） ·············· 062
方案 12：我设计的物品洗涤清单（大班美术） ·············· 066
方案 13：待洗物品我分类（中班数学） ·············· 069
方案 14：神奇的丝瓜筋（中班科学） ·············· 072
方案 15：搓衣板 vs 洗衣棒槌（大班科学） ·············· 075
方案 16：小脚丫踩衣乐（小班综合） ·············· 078
方案 17：小棒槌敲呀敲（中班综合） ·············· 080
方案 18：洗衣机的故事（大班科学） ·············· 083
方案 19：洗水杯（小班健康） ·············· 085
方案 20：洗洗我的小毛巾（中班健康） ·············· 088
方案 21：给玩具洗澡（中班健康） ·············· 091
方案 22：洗袜子（中班综合） ·············· 094
方案 23：我的白 T 恤自己洗（大班综合） ·············· 097
方案 24：刷刷我的运动鞋（大班健康） ·············· 100
方案 25：番薯来洗澡（中班综合） ·············· 102
方案 26：神奇的洗洁精（中班科学） ·············· 104
方案 27：碱水洗碗真干净（中班科学） ·············· 107
方案 28：厉害的食品洗涤剂（小班科学） ·············· 111
方案 29：草木灰来洗衣（大班科学） ·············· 114
方案 30：变干大揭秘（中班科学） ·············· 117
方案 31：拧干与脱水（大班科学） ·············· 120
方案 32：晾晒袜子（小班综合） ·············· 123
方案 33：神奇的三角晾衣架（大班科学） ·············· 125
方案 34：袜子叠叠乐（小班综合） ·············· 129
方案 35：玩转叠衣方法（中班综合） ·············· 131
方案 36：我的收纳小妙招（大班社会） ·············· 134
方案 37：洗涤小历史（大班社会） ·············· 137
方案 38：洗涤剂知多少（大班社会） ·············· 140
方案 39：各种各样的肥皂（中班科学） ·············· 142

方案 40：生活中的刷子（中班科学）·················· 145
　　方案 41：猫咪家的洗衣房（小班数学）················ 147
　　方案 42：老奶奶洗出三个谜（小班语言）·············· 150
　　方案 43：什么都要洗干净（大班语言）················ 152
　　方案 44：14 只老鼠洗衣服（中班语言）··············· 155
　　方案 45：洗来洗去（大班语言）······················ 158
　　方案 46：自制袜子收纳盒（大班美术）················ 161
　　方案 47：洗洁精创意石榴画（大班美术）·············· 163
　　方案 48：无患子手串（小班美术）···················· 166
　　方案 49：木槿，你真好！（中班科学）················ 167
　　方案 50：种下一棵木槿树（大班综合）················ 170
　　方案 51：认识皂角树（中班科学）···················· 172
　　方案 52：摘皂角（大班科学）························ 175

第四章　管理与保障　178
　一、制度建设·· 178
　二、安全保障·· 180
　三、人员配备·· 182
　四、资源管理·· 183

第一章　洗涤中心简介

洗涤中心是指幼儿园设置的专供幼儿进行各类洗涤活动且富有生活性、操作性、科学性、可持续性的场所。该场所作为一个集大量古今洗涤材料、工具、设备的课程资源活动室,主要为幼儿园开展洗涤课程服务,能在时间和空间上集中满足幼儿园的洗涤课程。它提供专用的、适宜的洗涤环境,带领幼儿走进"千年洗衣发展史",引发幼儿与天然的洗涤材料、古今各类洗涤工具等互动。在这里,幼儿运用天然洗涤植物制成各类洗涤剂开展洗涤活动,感知大自然的神奇;幼儿运用多样的洗涤工具,体验洗涤的趣味与科技的进步;幼儿在实际操作中学习调配、洗涤、晾晒、收纳等技能,获得劳动的习惯和生活的经验。幼儿在直接感知、亲身体验、实际操作中成为爱劳动、会生活、会创造的快乐健康儿童。

一、创建背景

幼儿园设置公用活动室,一方面可满足幼儿生活、学习和游戏的需要,另一方面可使他们在自由、宽松的环境中获得富有个性化的发展。我园洗涤中心的创建始于生活教育的理念,基于当前幼儿自我服务能力的现状以及顺应课程改革的发展趋势并综合考虑同里洗涤文化、园所实际情况、幼儿的发展需要等。

(一) 始于生活教育的理念

生活教育是幼儿园洗涤中心创建的基本理念。1897年,杜威提出"教育即生活"的基本观点,即教育就是儿童生活的过程。他认为应重视教育与生活的关系,主张把教育与生活统一起来。1922年,陶行知提出"生活即教育"的教育思想,他主张"生活教育是生活所原有,生活所自营,生活所必需的教育",即"生活教育是给生活的教育,用生活来教育,为生活而向前向上的教育"。2001年9月教育部颁布了《幼儿园教育指导纲要(试行)》(以下简称《纲要》)以来,"教育向生活世界回归"已成为幼儿园课程改革中的一个核心理念,即从生活中来——课程内容"生活化",到生活中去——课程实施手段"生活化"。

无论是杜威的"教育即生活"、陶行知的"生活即教育",还是《纲要》的要求,三者在整体观念上同出一脉,都主张生活与教育相统一,强调幼儿需在生活中学习。基于幼儿的学习特点和身心发展规律,幼儿园的教育应是生活化的,幼儿园教育内容的选择和确定应来源于生活并通过生活环境去实践。因此,我们需提供贴近幼儿生活环境的材料来践行生活教育的理念,为幼儿提供保证其生长和充分生活的条件。

我园的洗涤中心正是立足生活教育理念,遵循幼儿学习特点和身心发展规律而创建的。它以真实的"河边洗衣"生活场景、贴近幼儿实际生活的洗涤活动内容、趣味可操作的活动形式来逐步实现幼儿园课程的生活化,是践行陶行知生活教育理论的重要举措。洗涤中心可为幼儿提供合理的洗涤活动空间、丰富的洗涤工具材料、洗涤的相关生活经验与技能,从而使幼儿关注生活、学会生活、适应生活、快乐生活。

(二) 基于幼儿自我服务能力的现状

幼儿自我服务能力也被称为幼儿生活自理能力,是幼儿自己照料自己、管理自己的能力。但在当前的家庭教育中,幼儿自我服务能力的培养常被忽视。许多家长注重为孩子创设良好的物质生活条件,但他们的包办代替、剥夺幼儿劳动机会的行为,导致幼儿动手实践能力较差,缺乏基本的生活自理能力等。

《3—6岁儿童学习与发展指南》(以下简称《指南》)中提出:"良好的生活习惯和基本的生活能力是幼儿身心健康的重要标志,也是其他领域学习与发展的基础。"可见,自我服务能力的培养对幼儿的成长乃至整个人生中独立人格的形成有着十分重要的意义。学前期是幼儿自我服务能力培养的一个关键期,应首先要求幼儿自己的事情自己做。因此,幼儿园为幼儿创建一个自己的事情自己做的环境和空间是十分必要的。

我园的洗涤中心能为幼儿提供一个洗涤、晾晒、折叠、收纳的空间,能为幼儿自理能力的培养提供一个健康、科学的成长环境。凡是和洗涤相关的活动,都能让幼儿在洗涤中心的环境中去完成。所有的洗涤活动都要求幼儿自己的事情自己做,如:引导幼儿洗洗自己的小袜子、小手帕等并进行收纳整理,从而培养幼儿自我服务的意识、能力和习惯,同时在洗涤活动过程中体验劳动的快乐。幼儿园为幼儿提供了这样的空间,让他们从不做到会做再到乐意做,促进其情绪、能力、习惯的变化,逐渐提高幼儿的自我服务能力。

(三) 顺应课程改革的发展趋势

随着幼儿园课程改革的不断深入,我园除了践行生活教育理念,还逐步发现幼儿园课程样态伴随着时代发展而多元化发展,幼儿园课程内容的丰富多样是幼儿园课程的新理念。然而,课程的多样性来源于资源的多样性,资源的丰富多样决定着幼儿园课程的多种样态。洗涤中心作为资源室,与洗涤相关的文化资源、社会资源、自然资源等种类繁多,比如千年洗涤历史、"河边洗衣"的社会生活场景、木槿等天然洗涤植物都可以为洗涤相关课程内容服务,这无疑增加了课程的多样性。洗涤中心的各种设备、环境能在不同形式的洗涤活动中进一步增加课程的丰富多样性。因此,我们认为:洗涤中心的创建实质是利用资源引发洗涤课程,从而改变幼儿学习方式的变革,让洗涤资源更顺应幼儿的需求,让课程支持更能促进幼儿的发展。

《纲要》中强调:要充分挖掘并合理利用各种课程资源,创造各种幼儿探索、学习的机会。我园的洗涤中心成为幼儿参与体验洗涤整个劳动过程的实习工作场,能提供更加丰富的活动样态,主要包含"洗涤小历史""洗涤剂知多少""快乐造'皂'""我的收纳小妙招""变干大揭秘"等活动内容。此外,幼儿园主题活动中所引发的活动也能在洗涤中心开展,如物体的沉与浮、溶解实验等。在丰富多元的洗涤活动中,幼儿可以进一步了解"千年洗衣发展史";通过亲身感受与体验,比较不同时代的洗涤用品、洗涤方式、洗涤工具的差异,逐渐建立起与之生活方式相匹配的"洗涤"经验,从而体验洗涤的趣味性与科技性,感知大自然的神奇……

二、创建历程

《纲要》指出:幼儿的发展依赖于生存的环境,幼儿每时每刻都在与环境发生交流,环境是幼儿发展的资源,幼儿只有与环境交互作用,才能获得发展。认识到儿童与开放的环境互动会发生持久的、富有创造性的发展,我园洗涤中心的创建历经三个重要的时期,每一个时期的环境发展都是课程观、资源观、儿童观在洗涤中心的逐步落地以及创建理念的纵深发展。

(一) 环境、活动的初创期(2012年—2015年)

陈鹤琴先生指出:"怎样的环境刺激,得到怎样的印象。"对于儿童来说,环境不仅是构成教育的元素,更是学习的场所和获得发展的能量场。2012年,同里幼儿园的洗涤中心在课程游戏化推进的"春风"中初创。初创期,我园主要以洗涤中心的物质环境创设为主,因地制宜提供安全适宜的操作空间。根据幼儿身心发展规律特点我园建造了仿古洗涤池,支持幼儿在古镇真实的"水边洗衣"生活场景中亲身体验洗涤文化的独特魅力,最大限度地满足幼儿的操作需求;遵循博物意识,洗涤中心还设置了"千年洗涤史"陈列柜,呈现洗涤发展史中重要的洗涤材料、工具等供幼儿自主选择,引导幼儿在仿古洗涤池边进行一些日常的、零碎的洗涤活动,如清洗小毛巾、清洗小水杯等,以此满足幼儿基本的劳动需求,丰富幼儿的一日生活。

(二) 环境、课程的优化期(2016年—2019年)

环境是幼儿园重要的隐性课程。洗涤中心多元化的物质环境是幼儿园教育中的重要因素和内容,为洗涤课程建设提供了大量的素材,帮助幼儿主动构建洗涤相关的经验脉络。2016年起,我园努力挖掘"千年洗涤史"中有代表性和有教育价值的人、事和物,将洗涤文化与环境创设相结合,多途径开发适宜幼儿发展的洗涤课程,逐步建立洗涤课程体系。伴随洗涤课程的组织与实施,我园不断丰富、优化洗涤中心的内部环境。2017年,为了保证洗涤课程的有效开展,满足不同幼儿实际操作的需要,我园重新设置了洗涤中心内的多个不同功能区域,使其发挥情景性、探究性、操作性、多样性等功能,进一步促进幼儿的学习与发展。环境是幼儿园课程的延续,我园根据洗涤课程实施的需要,适时、动态地对洗涤中心环境进行了调整和优化,从而达到支持幼儿与环境互动、与课程共生的目的。

(三) 环境、课程、资源的整合期(2020年至今)

《纲要》指出:"充分利用自然环境和社区的教育资源,扩展幼儿生活和学习的空间。"因此,我园借助周边资源优势,尝试将各类资源与洗涤中心环境的创设、洗涤课程的开发相结合。2020年,洗涤中心进一步强化了园内外的各类资源,引导幼儿与资源对话,发展探究性学习,尤其是皂角、无患子、木槿等自然植物资源的功能性和利用率大大提高。我园在洗涤中心周边广泛开辟了洗涤植物种植区,引导幼儿种植天然洗涤植物,为洗涤中心活动的开展和延展提供了更为丰富的内容与材料,让天然洗涤材料走进洗涤中心,加强操作性。同时,我园还从幼儿的兴趣、经验出发,挖掘天然洗涤植物资源的内在价值,生成适合幼儿发展的洗涤课程,在丰富多样的洗涤课程中促进资源的开发与利用,支持幼儿成为环境的创设者和主人,建立环境、课程、资源的联结以及资源与课程的有效联结。

2012年至今,无论从室内到室外环境,还是从显性到隐性环境,我园都在积极营造真正能让幼儿探究、操作的洗涤中心环境,利用一切资源逐步完善洗涤中心的环境和课程。在环境的作用下,洗涤课程不断得到丰富和充实。在洗涤课程的不断拓展和延伸中,洗涤中心的环境也追随着课程逐渐被改造和完善。幼儿在各类资源、环境与课程相融的螺旋式上升过程中习得了宝贵的经验。

三、创建目的

洗涤中心作为一个综合性很强的功能室,能供幼儿从事可持续、系统化的探索与游戏,它是幼儿主动构建经验的重要场所,是我园创建众多公用活动室中一次颇有意义的尝试与实践。其创建目的主要是通过在洗涤中心创设适宜的环境,为幼儿提供参与劳动的机会,让劳动教育在洗涤中心落地;通过挖掘和筛选同里古镇千年洗涤史中适合幼儿文化自信理念生成的元素,开发适宜的洗涤课程内容,满足不同年龄段幼儿的兴趣与需求,促进其在原有水平基础上不断发展,不仅能让幼儿在丰富多样的洗涤活动中感受同里源远流长的文化,还能有效提升幼儿园课程的适宜性水平。

(一) 劳动教育的落地

劳动教育是教育者有目的、有计划地向学生传授正确的劳动观念,以帮助其形成正确的劳动习惯与态度,并具备一定的劳动能力的教育活动。幼儿园劳动教育是促进幼儿劳动知识和劳动技能获得、劳动意识和劳动习惯形成的一种教育活动。《纲要》强调幼儿园应"与家庭、社区合作,引导幼儿了解自己的亲人以及与自己生活有关的各行各业人们的劳动,培养其对劳动者的热爱和对劳动成果的尊重"。《指南》中明确提出"引导幼儿生活自理或参与家务劳动,发展其手的动作",以及"懂得尊重工作人员的劳动,珍惜劳动成果"等教育意见,同时还按年龄段划分幼儿劳动教育的内容,针对不同年龄段的幼儿提出了具体的劳动内容。

洗涤作为生活中常见且熟悉的劳动方式之一,因以水贯穿始终而深受幼儿的喜欢,更能激发幼儿参与劳动的兴趣。在洗涤中心,教师可通过集体、小组等多种方式开展各类洗涤活动,让幼儿使用各类洗涤材料和工具,体验洗涤的全过程,促进幼儿在劳动中了解自然,培养幼儿劳动教育的理念和劳动技能。洗涤中心的设立让劳动教育得到了物质化的体现,既符合幼儿爱玩水的天性,又能完善幼儿园劳动教育的内涵,切实推动劳动教育在幼儿教育中的有效落实,是培养幼儿尊重劳动、热爱劳动、养成良好的劳动意识、形成正确的劳动价值观的重要举措。

(二) 千年洗涤文化的传承

洗涤作为与水相依相存的生活方式,贯穿了同里古镇几千年的历史。随着人类社会文明的发展,洗涤方式、材料、工具等方面都发生了翻天覆地的变化,如:洗涤方式从捣衣发展到搓衣再到利用自动化清洗设备,洗涤材料从水、草木灰、皂角和木槿等自然洗涤材料发展到洗衣粉和洗衣液等化学洗涤剂,洗涤工具从棒槌发展到板刷、搓衣板再到洗衣机等清洁电器等。每个时期的洗涤方式、材料和工具都包含着人类的智慧,构成了本地独特的"千年洗涤"文化。

传承是教育的重要功能之一,我园地处历史悠久的同里古镇,作为一所历史悠久的园所,承担着将同里"千年洗涤史"传承的重要使命。因此,我园的洗涤中心应运而生,通过挖掘古镇千年洗涤史中适合幼儿文化自信理念生成的元素,筛选适宜的元素形成多样的洗涤活动内容,引导幼儿在洗涤活动中自由探索、发现和学习,初步感受家乡源远流长的文化。此外,为秉承博物意识,我园挖掘"千年洗涤史"中有代表性和有教育价值的人、事和物,将洗涤文化与环境创设相结合,着力打造以收藏、陈列、探究、体验为一体的"千年洗涤史"展区,以图文与实物结合的方式呈现从古至今的各类洗涤材料与工具,让幼儿通过比较不同时代的洗涤用品、洗涤工具等方面的差异,感受多样的洗涤方式以及科学技术发展给人们生活带来的便利。

(三) 课程适宜性水平的提升

幼儿园课程是帮助幼儿获得有益的学习经验,促进其身心全面、和谐发展的各种活动的总和。幼儿园课程适宜性主要是指课程对幼儿的适应性特征,它能反映幼儿的发展特点和学习特点、能满足幼儿的需要、能促进幼儿在原有水平基础上不断发展。

洗涤课程内容的适宜性是洗涤课程适宜的核心。我园创建洗涤中心,力求在洗涤课程内容选择上具备适宜性。我园在洗涤课程内容选择时,不仅注重贴近幼儿生活和文化背景,还注重发挥本土资源优势,充分挖掘和利用幼儿园内、外课程资源,根据幼儿发展的实际情况制定幼儿在洗涤中心的发展目标,通过层层筛选、整合和利用,选择有利于实现这些目标、幼儿可以理解接受并且喜爱的洗涤教育内容,逐渐形成融生活、游戏、学习为一体的洗涤课程,确保洗涤中心课程内容选择的适宜性。

此外,为确保洗涤中心课程适宜性的有效推进,我园教师把洗涤方案的基本理念建立在广泛的理论基础之上,对各类教育观念进行联系、渗透并加以整合,以整合性思维对洗涤中心课程进行精心策划。在洗涤材料的投放方面,注重对各类材料的分层投放,以满足不同年龄段幼儿对洗涤活动的兴趣与需求,促进各年龄段幼儿在原有水平的基础上不断发展。在实践中,教师充分考虑到洗涤活动的各个环节,注重渗透与"留白"、指导的适宜性等,在不断思考—落实—调整—再思考这个循环往复的过程中提升幼儿园课程的适宜性水平。

四、创建要点

(一) 关键要点

洗涤中心的创设归根到底是为了幼儿的多元发展,因此,洗涤中心在创建过程中应明确功能的定位,充分发挥洗涤中心的博物和体验功能;在现有资源的基础上进行改造和规划,满足幼儿的深入探索;通过多元、开放的材料探索洗涤的奥秘,让幼儿在直接感知、实际操作和亲身体验中获得有益的经验。

1. 明确的功能定位

洗涤中心正是以儿童喜玩水、好动手、爱探索的天性为生成起点,通过为幼儿提供适宜的环境和条件顺势而为,寓教于乐。因此,我园将洗涤中心的功能定位为博物功能和体验功能。虞永平教授提出:博物意识是一种引导幼儿广泛感知客观世界和人类文化,在丰富的、适宜的材料与环境的帮助和支持下,让幼儿自主地、积极地观察、感受、体验和探索,从而让幼儿能够获得更加鲜活的、完整的经验的意识。我园洗涤中心将搜寻的洗涤历史发展过程中的洗涤材料和工具陈列出来,从原始的洗涤工具棒槌、搓衣板、葫芦瓢、丝瓜筋、瓜篓等到现代的电器洗衣机、烘干机等,从古人用的天然洗涤材料无患子、皂角、木槿等到现代的化学物品小苏打、洗洁精、肥皂等,给幼儿一个包罗千年洗涤工具的洗涤博物馆,让他们在博览千年洗涤历程与洗涤工具演变的过程中感受洗涤工具的现代化发展,进一步观察、学习和探究,将生活经验与洗涤文化联通,在探究过程中积极思考。

洗涤中心的体验功能强调幼儿在洗涤过程中获得快乐和满足的体验,它可以最大限度地满足幼儿对各种洗涤材料和工具的体验与探索,同时也是一种生活劳动的体验。同里是水乡古镇,一条条清澈宁静的小河流淌着,如丝带缠绕,在古代这里也有"家家傍水,户户通舟"的美称。我园洗涤中心也处处蕴藏着与水相关的活动,它特有的洗涤资源贴近我们的生活,是幼儿真实生活的再现。在洗涤中心,幼儿操作、体验不同的洗涤方式,感受劳动带来的乐趣,在自我服务中不断获得情绪情感的满足。洗涤中心作为幼儿体验洗涤乐趣的生活实习场地,在帮助幼儿体验和操作不同的洗涤工具的同时,也帮助他们不断深入探索,不断发展动手操作的能力和坚韧、独立的意志品质。

2. 合理的空间规划

幼儿天生就充满着好奇心,洗涤中心的环境要从幼儿的角度进行规划,才能有效激发幼儿的好奇心和探索欲,合理的空间规划可以挖掘环境和空间隐性的教育功能,满足幼儿多方面发展的需求。洗涤中心作为帮助幼儿体验洗涤乐趣、建构洗涤完整经验的学习场，各区域的合理分布尤为重要。我园根据洗涤的过程分别设置了待洗区、洗涤区、晾晒区、收纳区和调配区五个区域，从最简单的洗入手，延伸到晾晒、折叠、调配，层层深入，不断丰富幼儿对洗涤的完整经验。洗涤中心作为幼儿的洗涤博物馆，墙面和陈列柜的位置根据幼儿的生理特点设置了以方便幼儿拿取，同时所展示的洗涤材料注重合理的分类和适当的留白，随着幼儿学习与探究的深入不断地更新材料。此外，工具的设定和摆放也十分重要，在每个大区域中设置了工具箱或者工具墙，幼儿作为游戏主人可根据游戏的需求选取适宜的工具材料。洗涤中心作为园所课程优化的途径，空间格局设定需要使活动更延伸、更拓展，注重区域之间的联结，这样有助于激发幼儿的活跃度，建立对洗涤中心的整体认知。通过构建多层空间设计，我园把洗涤中心"分割"成多个空间格局，使之成为既独立又相互关联的一个立体设施。

3. 适宜的材料投放

洗涤中心是幼儿的游戏场，幼儿总是不希望被拘束，他们热爱自由，希望能按照自己的想法去游戏、学习、生活。适宜的材料投放能满足幼儿不断发展的需求，帮助幼儿不断建构经验，因此，洗涤中心材料的投放需遵循丰富性、多样性、层次性、开放性原则。

（1）洗涤中心材料的丰富性原则

适宜的资源是幼儿园课程的重要支撑，丰富的材料是洗涤中心课程有效开展的保证。材料的丰富性并不意味着将洗涤相关的材料全数投放，洗涤中心应该有计划、有目的地筛选各类资源，将适宜幼儿发展的各类洗涤工具、洗涤物品、配剂材料、洗涤自然物、辅助工具、记录工具等多元化的材料投放其中，这些构成了洗涤中心材料丰富的物质支柱，也是幼儿活动必不可少的基础。因此，洗涤中心材料投放的丰富性能最大限度地满足幼儿的操作和自由探索，发挥真正为幼儿服务的效能，让幼儿的潜能得到进一步开发。

（2）洗涤中心材料的多样性原则

为培养幼儿的博物意识，洗涤中心丰富多样的材料是必不可少的。幼儿通过与材料的相互作用，不断构建洗涤完整经验，在操作各种洗涤材料的过程中变得更自信大胆。例如在洗涤中心陈列许多由古至今的洗涤工具和洗涤用品，让幼儿在博览中感受千年洗涤发展历程，在动手操作中体验洗涤的趣味。同时，投放的材料也非常注重定期交替，确保数量内容的充分和多样化，让幼儿充满开发欲望，确保幼儿能够取放自如，方便其选择与操作。洗涤中心不仅拥有种类繁多的洗涤工具和材料，还需充分挖掘和利用本土的自然洗涤资源，例如收集古镇周边的一些无患子、皂角等天然洗涤材料并投放在洗涤中心，供幼儿探索发现。因此，洗涤中心材料的多样性原则对幼儿认识洗涤历史和体验洗涤乐趣起着重要作用。

(3) 洗涤中心材料的层次性原则

《纲要》指出：幼儿园教育应充分照顾幼儿的个别差异，为每一个幼儿提供发挥潜能的机会，促使他们在已有水平上得到应有的发展。洗涤中心将同一种材料进行分层次投放，既能关注幼儿的个体差异，又能让教师的指导变得有目的、有计划，例如在工具和材料上注明用途和玩法，根据幼儿的年龄特点和能力水平投放适宜的洗涤材料。洗涤中心为帮助幼儿体验洗涤的完整过程，可先从一开始投放最简单的洗涤用具，到各类洗涤用品的认识和使用，最后到制作各种天然洗涤剂，层层递进，引导幼儿持续深入探索。总之，通过各种材料分层次投放，不同水平的幼儿都能找到适合自己能力水平的材料，参与到自己感兴趣的洗涤活动中。

(4) 洗涤中心材料的开放性原则

洗涤中心注重幼儿的生活体验，材料的开放性为幼儿的自主游戏提供了更多的选择空间，可满足幼儿亲身感知发现、主动探究学习的需求。开放性的材料也是提高幼儿活动能力的催化剂，能帮助幼儿进行游戏活动畅想。洗涤中心注重各区域的联结，幼儿可以根据洗涤活动的开展从各个区域选取适宜的工具和材料，例如在调配区中幼儿可以到户外种植区域中采摘不同的自然洗涤物制液，也可以将洗涤区的各类洗涤剂取来做对比，不断探索发现。因此，开放的材料投放可帮助幼儿建立对洗涤中心的整体认知并将零散经验相串联以逐渐促进其完整经验的获得。

(二) 注意事项

洗涤中心是全园幼儿体验洗涤乐趣、探究洗涤奥秘的场所，洗涤中心该如何满足各年龄段幼儿的发展特点和需求，材料、设施设备如何保障幼儿的生命安全，洗涤中心各区域之间如何联结等都是需要注意的问题。

1. 满足各年龄段幼儿的需求

洗涤中心是全园各个班级轮流去活动的场所，因此材料的投放也要根据不同年龄、不同需要和能力差异有所区别。因而，洗涤中心在正式开启之前，首先按年龄段分层次进行环境创设、材料提供、课程设计更为适宜。尽可能考虑不同年龄段幼儿的挑战，包括为每个活动设定几个难度级别和使每个幼儿找到挑战的最佳水平。在洗涤中心的每一件幼儿洗涤工具，仅仅达到标准是远远不够的，更不是将成人的工具进行简单的缩小。在设计的过程中，我们对洗涤工具诸如尺寸、重量、舒适度等各种细节进行了反复的测试和考量，真正站在儿童的角度上为其"量身定制"。

2. 保障幼儿的生命安全

生命安全对于幼儿来说是十分重要的，幼儿的自身抵抗能力比较差，安全的材料能保证幼儿投入安全的学习生活环境。洗涤中心在创建时把《指南》要求"幼儿的生命安全放在首位"作为重点。因此,我园在洗涤中心创建过程中充分考虑了装修板材的环保、材料和工具本身的安全、使用的安全、设施设备安全等因素。

在装修选材的安全性方面,材料必须环保,保证幼儿的身体健康。幼儿属于特殊群体,空气中的有害气体会影响幼儿的身心健康,甚至会导致不可逆的健康危害,同时,幼儿对于周围环境充满好奇,什么都想摸一摸、碰一碰,因此,各类装修材料和零部件都要结实环保。洗涤中心会定期对空气质量进行检测,对各种装修材料进行检查,发现毛刺、甲醛超标等现象及时处理和完善。总之,洗涤中心的装修材料需要以保证幼儿的生命安全、促进幼儿的健康发展为前提。

在工具和材料投放的安全性方面,安全的材料能保证幼儿投入安全的学习生活环境。我园重视洗涤中心各区材料、工具的安全性,在工具投放之前会测试洗涤工具的各类玩法,排除安全隐患,保证每位幼儿都能安全使用各类洗涤材料和工具。对于洗涤中心相关的一些洗涤自然物也会严格筛选,将不安全的因素排除,保证各类洗涤材料的安全。其中,将对幼儿有害的材料和危险的工具放置在幼儿拿不到的高处,避免幼儿误食或受伤,尽可能排除安全隐患。

在设施设备安全性方面,洗涤中心管理人员会定期检查各类设施设备,对各类设施设备都有详细、严格的使用规范,营造一个可控的操作环境。在各类设备上贴上幼儿自己设计的安全标志,这些标志不仅会对幼儿的行为加以指导,还可美化环境,让幼儿在不知不觉中规范自己的行为,远离危险。同时,园所也会建立严格的排查机制,定期对设施设备和用水用电进行安全排查,发现隐患及时修补和更换。

在洗涤中心活动的安全性方面,洗涤中心会为每位进入洗涤中心的幼儿配置专用的防护工具。例如眼镜、手套和防水衣等,健全基础安全防护,通过设立小小管理员,引导幼儿各司其职,建立规则意识,确保幼儿在活动中的安全。同时加强幼儿在使用天然材料和使用工具时的安全教育,引导幼儿正确用水用电,保障幼儿的生命安全和身体健康。

3. 注重各区域之间的联结

洗涤中心作为幼儿的体验中心,开放性的材料和活动区能够满足他们多元的探索。洗涤中心的各个区域并非独立分割,每个区域之间都会有不同的联系。

为建立幼儿对洗涤的整体经验,洗涤中心注重幼儿在洗涤过程中的整体探索。洗涤中心区别于其他活动中心的最大特点在于让幼儿体验完整的洗涤过程,其中包括衣物的洗涤、晾晒、各种洗涤剂的调配、衣物的收纳整理等,这些零散的经验串联成一个整体,这也必然需要各个区域之间活动的串联,让每个幼儿都获得发展,提升整体经验。幼儿可根据自己的需要,寻找不同的工具和材料进行探究,各区域开放性的材料支持着幼儿游戏的深入,帮助他们沉浸在洗涤的乐趣中。同时,我园将洗涤中心现有的各类资源进行分析和整合。通过各区域的活动,引导幼儿深入探索,帮助幼儿在各个活动区中建立对洗涤的完整认知。

  空间的合理设置让幼儿的活动更加优化,方便幼儿持续深入地探索。考虑到每个工具柜使用的频率、使用的时间和使用的方式,洗涤中心在各个区域隔断中间建立了适宜放置的可移动的工具箱,一种工具可用于多种用途,多余或不再使用的工具也可移走。空间规划方面并非一成不变的,洗涤中心由于空间有限,可根据活动的需要和幼儿的兴趣,通过移动隔断适当地扩大或者缩小某些区域,保障幼儿有足够的活动空间,也可根据课程发展的需要,按时段改变各区域设置位置,根据课程发展进程将可利用的区域放大,让可变的空间造就更多的可能。

第二章　环境布置与设施设备

我园洗涤中心让幼儿在真实的洗涤环境中,利用不同的洗涤工具、洗涤材料进行探究、洗涤、互动。在洗涤中心的环境布置中,我们关注洗涤完整过程的体验、注重幼儿生活能力的培养、着眼幼儿"一个经验"的建构,根据洗涤的完整过程在洗涤中心划分相应的区域,创设身临其境的环境,区域之间既独立又互通。在洗涤中心的各个区域中,我们围绕幼儿自身特点,设计、提供了既能有效激发幼儿参与积极性,又能满足他们操作、探索需求且安全适宜的设施设备。

一、整体布局

(一)占地面积

室内占地约45平方米,纵深南北呈狭长形;室外占地约140平方米。整体布局由师幼共同参与设计,科学而灵活,呈现同里水乡的原木色装修风格。室内外以"水"贯穿,各区兼具功能性和趣味性,强调"本童心、归生活、化游戏、承传统"的园所文化和"走向自然,回归生活"的教育理念。

（二）设计理念

1. 关注洗涤完整过程的体验

洗涤的完整过程可以分为洗涤、晾晒和收纳三个步骤，每个步骤是相对独立又相互关联的，我们计划创设洗涤区、晾晒区和收纳区，保证幼儿能体验洗涤的完整过程。在确定区域的位置时，考虑到区域对材料、操作空间的需求以及区域之间的关联性，我们将这三个区域设置在相近的位置，方便幼儿在区域之间走动。同时我们因地制宜，合理拓展洗涤中心的户外空间，将洗涤区设置在户外靠近水源的区域，将晾晒区设置在洗涤区旁阳光充足的户外活动场地，既满足区域之间的互动联通，又关注幼儿对洗涤完整过程的体验。

在进行洗涤中心区域环境布置时，为了呈现"千年洗涤发展史"，保证幼儿能够体验洗涤的完整过程，体现自由、自主、创造、愉悦的游戏精神，我们根据"千年洗涤发展史"在每个区域提供了丰富多样的、适合幼儿操作的工具和材料，如在洗涤区中，我们按照"千年洗涤发展史"的时间顺序提供了捣衣杵、板刷、搓衣板等不同时期的洗涤工具，并布置了符合"千年洗涤发展史"不同阶段的场景，如洗涤区中的河流、水池、洗衣盆等，幼儿既能通过洗涤区、晾晒区和收纳区体验洗涤的完整过程，又能在任意一个区域中感受到千年以来洗涤的巨大变化。

2. 注重幼儿生活能力的培养

幼儿的生活能力包括生活自理能力与生活管理能力，是幼儿个体整全成长的基础。幼儿生活自理能力指幼儿在日常生活中照料自己生活的自我服务、劳动的能力。幼儿生活管理能力指幼儿为了维持生活秩序，对生活各个方面进行管理的能力。幼儿生活能力的培养不单指培养幼儿的生活自理能力，更为重要的是通过培养幼儿自我控制、人际交往、主动学习、应对挫折等方面的能力使其能有效地计划各项活动及规划自己的人生，使其终生过一种有品质的生活。我们根据幼儿的发展规律和经验特征,通过为他们创设自然、真实且有目的的教育环境来塑造他们的生活观念和行为。

在洗涤中心,我们注重幼儿生活能力的培养,深度挖掘洗涤活动的生活教育价值,将洗涤中心打造成助力培养幼儿生活实践能力的有准备的环境,使幼儿在掌握生活能力的同时获得其他方面的发展,为全领域发展奠定基础。在洗涤中心的设计中,我们将生活能力培养的目标从掌握生活技能、养成生活习惯拓展到培养探究意识、审美能力及社会交往能力等方面,并分别涵盖在洗涤中心的五个区域中,使五个区域既在环节上相互衔接,又在教育价值和幼儿生活能力的培养上相互完善。例如:在收纳区,幼儿将经过晾晒的物品分类,然后进行合理、有效的收纳,以此培养自我服务意识,提高辨别、分类、折叠、收纳等生活自理能力,养成爱干净、爱整理的好习惯。通过对洗涤中心的合理规划,真正做到寓生活能力培养于洗涤中心的每一个材料、每一个活动、每一个区域。

3. 着眼幼儿连续经验的建构

早期经验对幼儿的生理、心理和社会性等各方面的发展均起到决定性的影响。可以毫不夸张地说,幼儿拥有什么样的早期经验,将决定他日后成为什么样的人。杜威认为,一切真正的教育来自幼儿的经验,教育是在经验中、通过经验和为着经验的一种发展过程。幼儿的每种经验既是从过去经验中吸收了某些东西,又是以某种方式在改变未来的经验。经验的"断连"会导致幼儿新旧经验无法正确匹配,致使幼儿所获得的经验缺失,影响未来经验的获得。因此,为了保障幼儿新旧经验的有效衔接,我们必须关注幼儿经验的重要特征——连续性。

根据连续经验的特征和早期经验的重要性,为了支持幼儿连续经验的建构,我们将洗涤中心的各区域打通,让各区域的经验相互衔接,同时将资源打通,让五大区域的资源与种植区资源相结合,从洗涤活动延伸到种植活动,种植活动又回归、服务于洗涤活动,以此形成连续的完整经验。洗涤中心经验的连续性体现在:活动的延续,在洗涤区,幼儿使用不同的洗涤工具、洗涤材料,体验各类洗涤活动,获得洗涤、操作工具材料的经验,并进而获得洗涤不同的物品需要使用不同的洗涤工具、材料和方法等经验,再将其运用到其他区域的活动中,各个区域的活动相互关联、补充;区域的整合,幼儿在调配区利用自然物制作天然洗涤剂,获得搓洗无患子可以起泡的经验后,在洗涤区对不同的洗涤剂、洗涤材料进行"起泡"实验,接着将对无患子的了解运用在种植区与洗涤相关的植物中。最后,幼儿将通过种植木槿、皂角等与洗涤相关的植物所获得的种植经验再次运用到洗涤活动中。在将区域整理、打通后,幼儿获得的关于天然洗涤剂的经验在新旧经验重复递进的过程中不断丰富、上升,具有连续性。

(三) 功能区划分

洗涤中心共有五个区域,分别为调配区、待洗区、收纳区、洗涤区、晾晒区。室内由南到北分别为调配区、待洗区、收纳区;室外共有两个区域,分别为洗涤区和晾晒区。平面示意图如下。

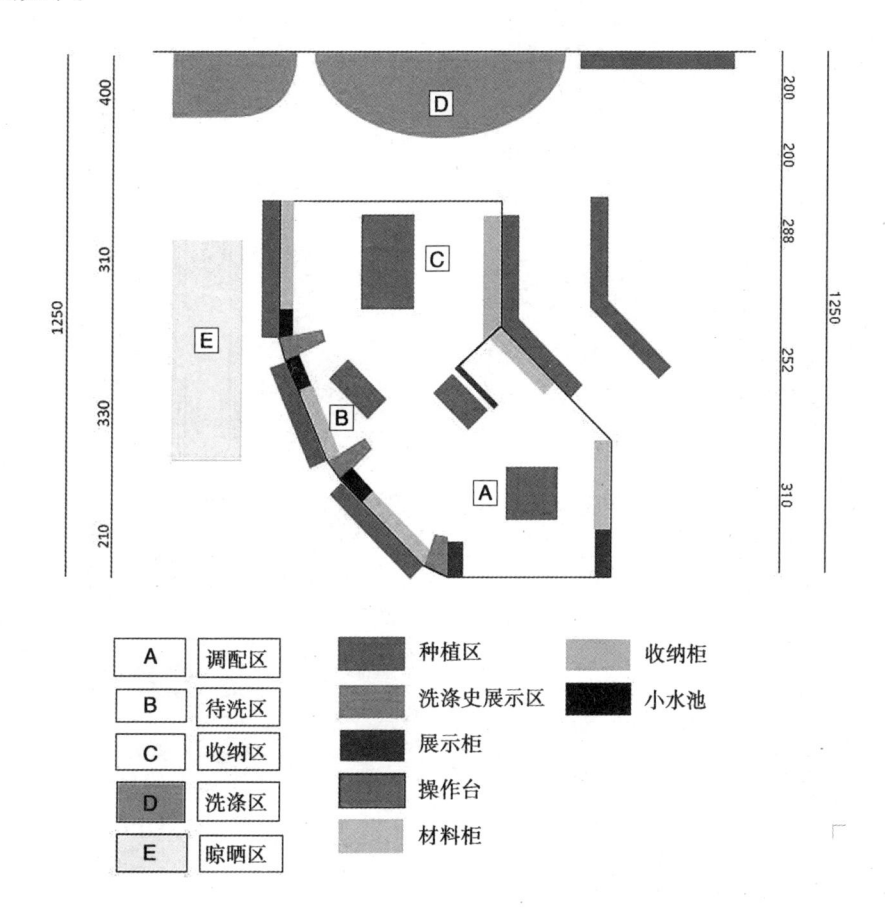

A	调配区
B	待洗区
C	收纳区
D	洗涤区
E	晾晒区

种植区　　收纳柜
洗涤史展示区　小水池
展示柜
操作台
材料柜

二、区域设置

(一) 调配区

1. 内容

该区拥有丰富且适合幼儿操作的制作洗涤剂或肥皂的材料和实验器材,是幼儿进行探究操作的主要区域,可同时容纳多名幼儿操作。幼儿可在其中进行探索和实验,开展制皂和制剂等科学实验活动。该区还有一个专供幼儿展示、分享和交流作品的陈列柜和置物架，幼儿可以将独立或合作制作的成品如艾草香皂、天然洗涤剂等陈列其中，相互欣赏、介绍作品的制作过程，还可按照成品的类型进行分类摆放或悬挂。本区内的所有材料一直处于动态变化之中，本园会随着洗涤中心活动的开展、季节的更替而不断变化和丰富洗涤相关的自然材料，如皂角、木槿、无患子等。

2. 目标

调配区的各类活动，能有效提升幼儿自主探究、合作交往、想象创造等方面的能力。幼儿在观察和探索天然洗涤材料的过程中，了解自然材料与洗涤、洗涤与生活的密切联系，将知识或经验运用到其他区域的活动中，巩固已有经验，生成新的经验。通过制作洗涤剂、肥皂，幼儿提升专注力，在同伴的协助或自己的努力下可以完成较为复杂的活动，从而激发其科学探究的兴趣和意识，形成初步的科学探究素养。在制作和展示过程中，幼儿学会正确使用、管理和爱护各类洗涤器材，了解并遵守调配区的规则，能与同伴合作、分享，尊重他人的劳动成果。

3. 材料

调配区				
	名称	数量		备注
材料	无患子	若干	\multicolumn{2}{c}{调查、收集、加工，制作天然洗涤剂、肥皂}
	皂角	若干		
	天然皂基	若干	\multicolumn{2}{c}{调配、合成洗涤剂、制作肥皂}
	搅拌棒	若干		
	试管	若干		
	PH试纸	若干		
	肥皂模具	若干		
	起泡剂	若干		
	香氛剂	若干		
	刮刀	10把		
	滴管	10根		
	大、小量杯	各10个		
	吸管	10根		
	扭扭棒	若干		
	过滤盆、过滤网	2套		
	不同大小的空瓶	若干		
	肥皂包装袋	若干	储存肥皂、肥皂片	
	防护镜	10副	\multicolumn{2}{c}{提取洗涤剂、制作肥皂时用于防护}
	防护手套	6副		
	操作服	10件		
	操作手套	10副		
	脸盆	2个	清洗自然物（搓无患子）	
	幼儿操作单	若干	\multicolumn{2}{c}{幼儿记录操作步骤和发现}
	白纸	若干		
	记号笔	10支		
	试管架	4组	摆放试管	
	垃圾桶	1个	垃圾分类	
	提取洗涤汁液的操作提示牌	若干	由幼儿设计制作	
	幼儿绘制的制作肥皂的流程图	若干	展示在调配区	

续表

调配区			
	名称	数量	备注
资源	自然资源:洗涤植物		不同形态的木槿、皂角（完整的、切块的、粉末状的）
	家长资源:会制作肥皂的家长		可邀请家长入园指导
设备	微波炉	2台	加热

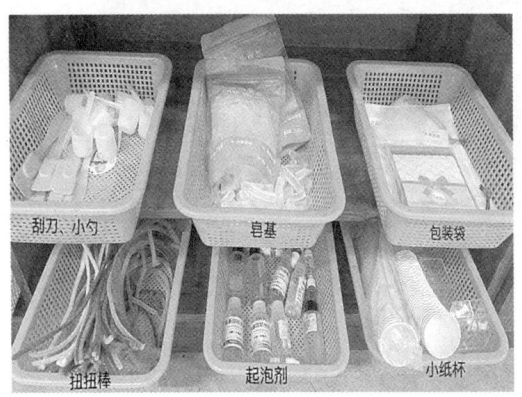

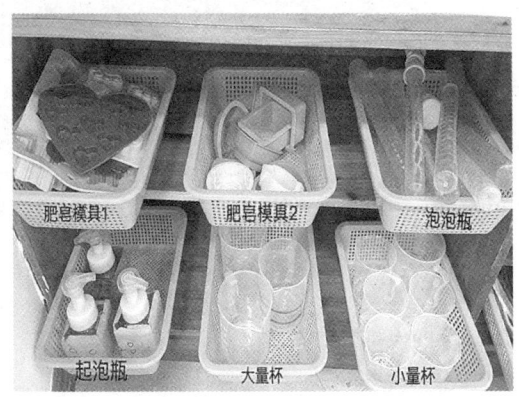

(二)待洗区

1. 内容

幼儿从各个渠道(班级、家中等)收集需要洗涤的物品,对物品的类型、污渍的属性进行识别,确定适合的洗涤方式、需要使用的洗涤剂和洗涤用品,将信息汇总于标签上,为每一件洗涤物品制作专属的"洗涤标签",方便后续对其进行洗涤。

2. 目标

在收集洗涤物品的过程中,幼儿愿意与不同身份的对象沟通,能清楚表达自己的想法;在识别、分类过程中,幼儿能够专注地审视物品的细节,留意物品的类型和污渍的属性,收集重要信息,能以不同的特性对物品进行分类,并能说出分类的依据;在设计标签时,幼儿愿意用书写的方式来传递、表达洗涤的相关信息,能通过使用工具写字和画图表征,并加以解释。

3. 材料

待洗区				
材料	名称	数量	备注
	脏衣篓	若干	分类并贴上幼儿设计的标签
	洗衣登记表	若干	设计标签的工具
	记号笔	若干	
	标签纸	若干	
	小夹子	若干	

(三) 收纳区

1. 内容

收纳区具有收纳、烘干、折叠、整理等功能。该区主要支持幼儿对洗涤的物品进行科学归类和收纳，也可以探索和比较不同衣物的不同折叠方法，如不同衣裤、袜子、毛巾等多样而实用的折叠方法等。此外，幼儿还可以在收纳区中探索利用各种废旧材料设计和制作各种各样的收纳盒、收纳箱、收纳袋等。

2. 目标

在收纳区中,幼儿在生活自理、环保意识、自主探究、合作交往、想象创造等方面的能力都能得到提升。通过丰富的收纳活动,幼儿能掌握许多折叠、收纳和整理技巧,如:能运用一一对应的方式,对多组物品进行比较;在收纳过程中能规划和照顾到更多细节,能在不断地练习和实践中学会使用收纳工具;能在不断地实践和探究过程中逐渐形成整理意识,形成自己的收纳风格,同时掌握更为高效的收纳、整理技巧。此外,幼儿能在活动中了解自理能力的重要性及其在健康生活中的作用,萌发自我管理、照顾的意识,并将这类意识延续到日常生活中,服务于生活,促进自身更全面的发展。

3. 材料

收纳区			
	名称	数量	备注
材料	幼儿收集的各类衣物、鞋袜	若干	识别物品属性,制作洗涤标签
	袜子收纳盒	若干	选择不同长短、薄厚的收纳盒
	密封盒	若干	选择各种尺寸的密封盒
	篮筐	若干	需要便于粘贴标记
	操作手套	10 副	
	幼儿记录表	若干	制作洗涤标签的操作材料 用于指导幼儿收纳物品
	白纸	若干	
	记号笔	10 支	

续表

收纳区			
	名称	数量	备注
材料	防水服	10件	
	幼儿自制的折叠示意图	若干	
	晾晒小常识展板	若干	
	各类纸盒	若干	供幼儿自制收纳盒
	叠衣模板	若干	将衣服平铺放置在叠衣模板上,学习叠衣技巧
资源	多媒体资源:折叠衣服的视频		储存在U盘中,在洗涤中心的屏幕上播放
	相关收纳内容的绘本资源		放置在可移动的书架上
设备	滑轮吊篮装置	4个	滑轮装置可方便幼儿拿取吹风机
	空调	1台	专人管理
	去球机	若干	电器统一保管,进行安全教育

(四) 洗涤区

1. 内容

该区是专供幼儿清洗各类物品的区域,也是连通室内外所有区域的地方。幼儿在洗涤区真实的环境中直接感受千年洗涤发展史的变革,认识并体验各个阶段的洗涤环境、工具和材料。幼儿在不同的洗涤环境中,使用与环境所匹配的工具和材料开展洗涤活动。

2. 目标

通过在洗涤区中不同场景、环境的洗涤活动,幼儿对不同的环境具有适应的能力,在练习使用各种洗涤工具和材料后,幼儿可以控制手部的精细动作,能有目的地选择和操作工具与材料,掌握各类洗涤工具和材料的使用方法,将与洗涤相关的新旧经验有机融合后运用到新的洗涤活动中,会有始有终地完成洗涤活动,养成爱干净、爱劳动的好习惯。

3. 材料

洗涤区			
	名称	数量	备注
材料	搓衣板	若干	按照千年洗涤发展史的时间线悬挂、摆放
	刷子	若干	
	丝瓜筋	若干	
	棒槌	若干	
	海绵擦	若干	
	百洁布	若干	
	钢丝球	若干	
	舀水瓢	若干	
	防水手套	10 副	洗涤活动中需穿戴的防水装备
	防水服	10 件	
	白纸	若干	便于幼儿记录洗涤过程中的发现与体验
	记号笔	10 支	
	幼儿清洗操作单	若干	

续表

洗涤区			
	名称	数量	备注
材料	洗涤用品(洗衣粉、洗衣液、肥皂等)	每种若干	洗涤工具、材料
	水桶	10个	
	大、小脸盆	各10个	
	幼儿收集各班需清洗的物品	若干	按照班级分类摆放
	洗涤流程图展板	若干	摆放在洗涤区入口
资源	社区资源：洗衣店		拍摄视频循环播放
	相关绘本资源		注意防水
设备	洗衣机	2台	提前进行安全教育，使用时通电

（五）晾晒区

1. 内容

这是一个空间足够、阳光充足、空气流通的区域，方便幼儿将清洗好的物品进行晾晒、风干。幼儿将洗涤过的物品拿至晾晒区，根据物品的重量、长短等，识别需要使用的晾晒方法和对应的晾晒工具，通过自主、合作的方式搭建晾衣架、使用晾晒工具进行晾晒，最后，幼儿在判断并确认物品晾干后将其统一收走。

2. 目标

在晾晒过程中,幼儿学会与同伴分工,做好自己负责的工作,学会独立思考,掌握搭建晾晒架和使用晾晒工具的技巧,有目的地操作物品和工具,提高手眼协调和控制能力。在搭建和晾晒过程中,幼儿能发现工具有多种用途,灵活寻找解决晾晒问题的方法,通过观察和分析,归纳出晾晒的技巧、策略,并将其运用到更多的晾晒活动中,将所学延伸到生活中。

3. 材料

晾晒区				
	名称		数量	备注
材料	衣架		若干	选择适合幼儿的不同类型的晾晒工具,可适当添加
	裤架		若干	^
	晾衣绳		若干	^
	晾衣架		若干	^
	夹子		若干	^
	篮筐		若干	^
	绳子		若干	^
	竹竿		若干	供幼儿搭建晾衣架
	剪刀		若干	选择儿童安全剪刀
资源	绘本		若干	放置在可移动的书架上
设备	吹风机		4个	提前进行安全教育,电器统一收纳,插座设计应安全合理
	烘干机		1台	^
	可移动的晾衣架		6个	应对雨天或晾晒工具不足的情况

续表

晾晒区				
设备		名称	数量	备注
^^		滑轮吊篮装置	2个	放置吹风机，按需升降
^^		空调	1台	专人管理

第三章　洗涤中心活动方案

加强幼儿园专用教室建设规划工作,提升专用教室建设与管理的有效性是提高幼儿园保教质量的重要内容和途径之一。洗涤中心的创设实实在在为幼儿提供了一个能参与体验各类洗涤活动的专门场所。为进一步确保洗涤中心的空间、材料等利用率达到最大化、最优化,我们需要对洗涤中心进行总体规划,主要包括空间的使用、活动的组织形式以及活动的范围这三个方面。

一、洗涤中心总体规划

(一)洗涤中心空间的使用

洗涤中心的使用者主要包括幼儿园各班教师以及幼儿。洗涤中心空间的使用须兼顾全园以及各班个性化需求,因此采用园部安排与各班自主预约相结合的方式。

1. 园部安排

洗涤中心是各年龄段幼儿都十分喜爱的专用活动室之一。由于时间、空间、人数等方面的限制,幼儿园每学期都会结合各年龄段幼儿的年龄特征、学习方式、学习特点等实际情况制订《洗涤中心活动安排表》,以确保各年龄段幼儿每周都能有在洗涤中心参与、体验各类洗涤活动的机会。

2. 各班自主预约

为满足各班幼儿个性化的需求,园部在《洗涤中心活动安排表》上进行了留白。因此,各班教师除了能根据园部制订的《洗涤中心活动安排表》带领幼儿进行洗涤活动,还可以结合本班幼儿的兴趣、活动的连续性、引发幼儿的深度学习等实际情况进行自主预约。

洗涤中心使用的预约方式主要是线上预约。各班教师需提前在线上(如幼儿园QQ群、微信群等)进行预约登记,登记信息包括预约日期、活动主题、活动人数、使用材料和区域等。各班须严格按照预约日期和具体时段带领本班幼儿开展洗涤活动,若有变化也需提前在线上取消预约。预约时如出现班级之间时间上有冲突,各班教师之间可相互协调与沟通,确保洗涤中心活动有序、高效地开展。

(二)活动的组织形式

洗涤中心的整体规划可满足整班幼儿同时活动与操作,也可采用分组、分区进行活动,还可根据实际情况的需要采取混龄方式。因此根据幼儿的需求和课程发展的需要,洗涤中心活动形式分为小组活动、集体活动和混龄活动。

1. 小组活动

洗涤中心注重洗涤完整经验的建构,注重各区域之间的互动和联结。因此,各个区域在空间上去掉了常规的隔断分割,采用了各区域共享的活动空间,幼儿可根据活动目标和自身兴趣分组进行活动,带班老师可通过分发小组牌等方式来进行幼儿的组别区分管理,既达到了分组管理的目的,同时又将幼儿在洗涤中心各个区域中的活动最大化地实现。

2. 集体活动

在洗涤中心,集体活动是必不可少的教学途径,它能最大限度地满足幼儿发展的整体需求。例如一些洗涤相关知识、洗涤剂制作等,需要幼儿环绕或并排坐在洗涤中心进行统一的集体活动,在有限的时间内掌握洗涤相关经验,进一步生发更多对于洗涤工具、自然洗涤物等的探究。同时,集体活动在教师的主题安排下呈现多种多样的状态,也让幼儿不断沉浸在洗涤的乐趣之中。

3. 混龄活动

洗涤中心作为全园幼儿体验洗涤乐趣、探索洗涤奥秘的活动中心,应努力保障每个年龄段幼儿的活动需求。洗涤中心活动空间因为受到排课的影响,有些区域在该年龄段活动使用时间内处于闲置状态。混龄活动能够解决活动室内部分区域闲置的问题,大大提高各活动区的使用率,同时也让不同年龄段的幼儿在互动中感受劳动的意义。

(三)活动的范围

洗涤中心结合《洗涤中心活动安排表》和幼儿游戏的需求,将活动范围划分为单区域活动、部分区域活动和全区域活动。

1. 单区域活动

洗涤中心的单区域活动主要指的是在洗涤中心五个功能区中任意一个区域单独进行的洗涤活动。如:待洗区的待洗物分类活动,调配区的泡泡水制作活动,洗涤区的清洁工具使用活动,收纳区的收纳小妙招活动,晾晒区的拧干、搭建晾衣架活动等。

2. 部分区域活动

洗涤中心的部分区域活动主要指的是可以在洗涤中心两个或两个以上功能区中进行的洗涤活动。如：可在调配区和洗涤区进行的天然洗涤材料与现代洗涤剂大PK活动、去油污活动等，可在洗涤区、收纳区、晾晒区进行的鞋子速干小妙招活动等。

3. 全区域活动

洗涤中心的全区域活动主要指的是能贯穿于洗涤中心五个功能区的洗涤活动。根据活动的发展和幼儿的需求，幼儿可在各区域之间互动，通过各区域的支持和探索，不断将洗涤中心的经验联结，如：将在调配区调配的各种天然洗涤剂投放到洗涤区、待洗区等，进一步帮助不同物品进行清洗和晾晒。

二、活动内容与组织形式

作为一个综合性专室，从课程建设的角度来看，洗涤中心承载多样化的活动内容并具备不断延伸的课程张力；从儿童经验的角度来看，洗涤中心必须满足儿童科学探索时不断变化的兴趣点。本园将洗涤中心的"建设"视为一种"生成"，因此在洗涤中心的活动内容的编排上都尽可能满足不同年龄层次、不同发展水平幼儿的需要；在洗涤活动设计与教育的一般原则基础上应充分发掘洗涤中心的各种可能性，教师则通过引导幼儿在洗涤中心开展多样的活动，发展幼儿认知、技能与情感，培养其动手能力、想象力、创造力以及解决问题的能力等。

洗涤中心的活动内容主要包括其内部五大功能区、洗涤中心延展出去的内容等。我园在把握好洗涤中心本身活动与外部活动的关系的基础上，在活动方案的编排和设计上更注重综合性、趣味性、活动性，符合各年龄幼儿的发展需要、能力、兴趣及经验。关于洗涤中心本身的活动和向外延展的活动分别占总课程的70%和30%，二者相互补充，不断完善，使幼儿园洗涤中心的活动逐步具备科学化、特色化、个性化。

1. 洗涤中心本身的活动

依托洗涤中心内部各区的功能性不同，建构了洗涤中心本身的活动内容，且这些活动内容需在洗涤中心进行。如：调配区以探索活动为主，洗涤区以洗涤内容为主，收纳区和晾晒区则以自我服务的内容为主。其中，洗涤区活动是洗涤中心的主要活动内容，但它也并不仅仅局限于洗涤本身的内容，还包含"洗什么？用什么洗？怎么洗？"等围绕洗涤展开的全部内容。虽然各区的活动内容都有各自的侧重点，但是我们积极引发各区之间的互动联系，促进活动内容的多元化发展。自区域打通以后，生发出多样的、蕴含连续经验的活动内容。

2. 洗涤中心向外延展的活动

洗涤中心除了来源内部各区的活动内容，还有一部分是由洗涤中心向外延展的种植活动、班级活动等。例如："种下一棵木槿树"是由洗涤中心的木槿材料走向种植区的活动内容，将木槿资源转化为幼儿的活动，幼儿因木槿再次发生学习、建构有益经验，体现了"资源—活动—经验"的过程。

幼儿园活动方案是对幼儿园课程的预设性规划，本园在遵循课程设计基本理念的前提下，综合考虑本园实际及办园特色，设计切实可行的活动方案，有助于教师创造性地实施洗涤中心的课程。

表一　洗涤中心本身的活动

活动路径来源	活动名称	领域	关键经验	年龄班	活动形式	活动区域	对应活动方案示例
洗涤中心本身的活动	"你好，无患子"	科学	猜测、探索	小班	集体	调配区	方案1
	"打开无患子"	科学	猜测、探索	大班	小组	调配区	方案2
	"健康的无患子洗手液"	科学	提取汁液，锻炼手部灵活	中班	小组	调配区	方案3
	"有趣的木槿制液"	科学	尝试用多种工具、多种方式探究，获取木槿制液	大班	小组	调配区	方案4
	"洗涤剂保存小妙招"	科学	猜测、比较分析、实验	中班	小组	调配区	方案5
	"有趣的溶解"	科学	对溶解现象感兴趣	小班	小组	调配区	方案6
	"泡泡水发明家"	科学	参与泡泡水制作	中班	小组	调配区	方案7
	"皂角液的奥秘"	科学	探索制作皂角液的方法	大班	小组	调配区	方案8
	"快乐制"皂""	科学	探究无患子制皂的方法	大班	小组	调配区	方案9
	"认识草木灰"	科学	了解草木灰的特性和功效	大班	集体	调配区	方案10
	"标签我知道"	美术	能用文字或符号标注洗涤物品的相关信息	大班	小组	待洗区	方案11
	"我设计的物品洗涤清单"	美术	设计物品清洗清单	大班	小组	待洗区	方案12
	"待洗物品我分类"	数学	将收到的衣物按材质、用途、颜色等进行分类整理	中班	小组	待洗区	方案13
	"神奇的丝瓜筋"	科学	认识常见清洁工具丝瓜筋	中班	集体	洗涤区	方案14
	"搓衣板vs洗衣棒槌"	科学	实验对比	大班	小组	洗涤区	方案15
	"小脚丫踩衣乐"	综合	体验用脚踩的洗衣方法	小班	小组	洗涤区	方案16

续表

活动路径来源	活动名称	领域	关键经验	年龄班	活动形式	活动区域	对应活动方案示例
洗涤中心本身的活动	"小棒槌敲呀敲"	综合	知道捶打能将衣物变干净,体验传统洗衣方式的快乐	中班	小组	洗涤区	方案17
	"洗衣机的故事"	科学	感受科技的进步和给人类生活带来的便利	大班	小组	洗涤区	方案18
	"洗水杯"	健康	动手实践,掌握清洗水杯的方法	小班	集体	洗涤区	方案19
	"洗洗我的小毛巾"	健康	运用不同的洗涤用品清洗污渍	中班	集体	洗涤区	方案20
	"给玩具洗澡"	健康	爱干净,尝试运用不同的洗涤用品清洗玩具,提高动手能力	中班	集体	洗涤区	方案21
	"洗袜子"	综合	尝试清洗袜子,能针对重点部位进行揉搓	中班	集体	洗涤区	方案22
	"我的白T恤自己洗"	综合	尝试运用漂白剂去除颜色	大班	集体	洗涤区	方案23
	"刷刷我的运动鞋"	健康（综合）	尝试用合适的工具清洗鞋子	大班	集体	洗涤区	方案24
	"番薯来洗澡"	科学	选择不同的工具洗净番薯	中班	集体	洗涤区	方案25
	"神奇的洗洁精"	科学	实验操作	中班	集体	洗涤区	方案26
	"碱水洗碗真干净"	科学	实验对比	中班	小组	洗涤区	方案27
	"厉害的食品洗涤剂"	科学	感知	小班	小组	洗涤区	方案28
	"草木灰来洗衣"	健康	自我服务	大班	小组	洗涤区	方案29
	"变干大揭秘"	科学	了解各种变干的方法（太阳、风、吹风机烘干、热水袋烘干）	中班	集体	晾晒区	方案30
	"拧干与脱水"	科学	实验对比	大班	小组	晾晒区	方案31
	"晾晒袜子"	综合	学习夹夹子的方法,锻炼手指的精细动作	小班	集体	晾晒区	方案32
	"神奇的三角晾衣架"	科学	动手搭建晾衣架	大班	小组	晾晒区	方案33

续表

活动路径来源	活动名称	领域	关键经验	年龄班	活动形式	活动区域	对应活动方案示例
洗涤中心本身的活动	"袜子叠叠乐"	综合	能根据颜色、图案进行匹配收纳；能用卷叠法整理袜子	小班	集体	收纳区	方案34
	"玩转叠衣方法"	综合	能用对称的方式折叠衣裤	中班	小组	收纳区	方案35
	"我的收纳小妙招"	社会	能用科学有效的收纳方法进行收纳	大班	小组	收纳区	方案36

表二　洗涤中心向外延展的活动

活动路径来源	活动名称	领域	关键经验	年龄班	活动形式	活动区域	对应活动方案示例
洗涤中心向外延展的活动	"洗涤小历史"	社会	从调查入手（洗涤材料和工具的演变），认知、调查、访谈	大班	集体	活动室	方案37
	"洗涤剂知多少"	社会	调查、收集信息，集中交流认识的洗涤用品，并说说其用途	大班	小组、集体	活动室	方案38
	"各种各样的肥皂"	科学	倾听、了解肥皂的种类和功效	中班	集体	活动室	方案39
	"生活中的刷子"	科学	了解刷子的不同名称、外形特征及用途	中班	集体	活动室	方案40
	"猫咪家的洗衣房"	数学	衣服按颜色、波点分类	小班	集体	活动室	方案41
	"老奶奶洗出三个谜"	语言	认识肥皂，知道肥皂的特性	小班	集体	活动室	方案42
	"什么都要洗干净"	语言	知道很多东西都需要清洗	大班	集体	活动室	方案43
	"14只老鼠洗衣服"	语言	看图讲述	中班	集体	活动室	方案44
	"洗来洗去"	语言	倾听、表达	大班	集体	活动室	方案45
	"自制袜子收纳盒"	美术	绘制收纳盒设计图，合作完成	大班	小组	活动室	方案46

续表

活动路径来源	活动名称	领域	关键经验	年龄班	活动形式	活动区域	对应活动方案示例
洗涤中心向外延展的活动	"洗洁精创意石榴画"	美术	对洗洁精绘画感兴趣,并尝试想象绘画	大班	集体	活动室	方案47
	"无患子手串"	美术	学习穿珠子的正确方法,体验动手操作的乐趣	小班	集体	活动室	方案48
	"木槿,你真好!"	科学	认知、观察比较	中班	集体	种植区	方案49
	"种下一棵木槿树"	综合	亲身实践	大班	小组	种植区	方案50
	"认识皂角树"	科学	辨别雌雄、皂角刺	中班	集体	种植区	方案51
	"摘皂角"	科学	工具和安全	大班	小组	种植区	方案52

三、洗涤中心活动方案展示

方案1:你好,无患子(小班科学)

活动目标

1. 通过多感官认识无患子的外形特征,知道无患子有清洁功能。
2. 乐于参与探索无患子遇水起泡实验,愿意表达自己的发现。

活动准备

1. 物质准备:无患子、无患子树图片、无患子果肉若干、装好水的一次性小杯子若干、吸水小毛巾一块。
2. 经验准备:幼儿认识并使用过生活中的洗涤用品,如洗衣液、洗洁精、洗衣粉等。

活动过程

1. 无患子实物导入,引出话题。

◆ 师:你看,老师手里有什么?
◆ 小结:它的名字叫无患子。

◆ 师：你在哪里见过它？它从哪里来？

（指导要点：唤起幼儿的生活经验，引出无患子树，引导幼儿认识无患子树。）

2. 多感官探索无患子。

(1) 看一看。

◆ 师：仔细观察，它是什么样子的？

(2) 摸一摸。

◆ 师：伸出你的小手摸一摸，它带给你什么感觉？

(3) 闻一闻。

◆ 师：用你的小鼻子凑近闻一闻，你能闻出来什么味道？

3. 玩一玩无患子。

◆ 师：把无患子放在装好水的一次性小杯子里，让无患子和水朋友玩一玩，也可以用小手捏一捏，你发现了什么？

◆ 小结：无患子放在水中洗啊洗，洗出来很多泡泡。

◆ 师：生活中，你还看过什么东西放到水里会出现很多泡泡？

（指导要点：发散幼儿的思维，链接生活中的已有经验，帮助幼儿建立新的经验，加深幼儿对洗涤用品的认识。）

◆ 小结：无患子和肥皂、洗衣液、洗洁精一样遇到水都会产生很多泡沫，它们都可以用来清洁物品。

活动延伸

★ 在洗涤中心提供小锤子、胡桃夹等工具,引导幼儿运用各种工具分离无患子果肉和果核。

★ 鼓励幼儿尝试提取无患子汁液或将无患子磨成粉。

★ 收集无患子,在家尝试用无患子清洗一些物品,进一步感知无患子清洁的功能。

活动反思

小班阶段幼儿的思维以具体形象思维为主。因此,通过本次活动中提供丰富真实的材料,幼儿可多感官探索无患子的外形特征。"幼儿科学学习的核心是激发探究兴趣,体验探究过程,发展初步的探究能力。"教师引导幼儿把无患子放入水中玩一玩,让他们能在直接感知、亲身体验和实际操作中发现无患子"起泡"的秘密,体验无患子的清洁功效,也让幼儿体会到无患子与人们之间的密切关系。无患子是洗涤中心重要的植物资源,在未来,教师还可引导幼儿了解其生长的过程与环境。

(孙 婧)

方案2:打开无患子(大班科学)

活动目标

1. 能通过观察、实验、记录等方法,获得打开无患子的具体经验,并能对探究的结果进行简单的记录。
2. 学习使用一些常见的小工具,并能注意安全。
3. 感受打开无患子所带来的惊喜,乐意与同伴分享探究的结果。

活动准备

1. 物质准备:无患子、调查表、钳子、开壳器、剪刀、石头、榔头、护目镜、手套、分类盒、垫板。
2. 经验准备:幼儿在生活区投票选出可以打开无患子的工具;前期已经知道无患子的果实可以用于洗涤。

活动过程

1. 无患子猜一猜。

◆ 师：小朋友们猜一猜，无患子里面会有什么？

◆ 师：我们一起来看看无患子里面到底是什么样子的。

（指导要点：在导入环节重点引起幼儿对打开无患子的兴趣，因此在第一个导入环节让幼儿通过摸一摸、摇一摇的方式知道无患子里面还有东西，增强幼儿想要打开无患子的积极性。）

2. 讨论并实践怎样打开无患子。

（1）讨论打开无患子的方法。

◆ 师：无患子的外壳硬硬的，怎么打开呢？你们有什么好办法吗？

（2）幼儿自由探索如何打开无患子。

◆ 师：可以用你们自己想到的方法试一试。

◆ 师：有的小朋友尝试用手来打开，有的小朋友尝试用脚踩，这样打开有什么感觉？成功打开了吗？

（3）出示调查表。

第一次					
第二次					
第三次					
合计					

◆ 师：老师有一张调查表，小朋友们刚才尝试用手打开发现手很痛，而且成功率不高，用脚踩的时候无患子容易弹开。我们洗涤中心里有一些工具，大家一起看看，可以用这些工具打开无患子吗？

◆ 师：怎么使用这些工具呢？

◆ 师：用石头砸、用钳子夹开、用开壳器夹开、用榔头敲开、用剪刀剪。你们觉得哪一个工具更容易打开无患子呢？

(指导要点:给幼儿准备的工具是幼儿在生活区投票选出来的几个可以打开无患子的工具,在介绍工具的时候,有的幼儿是第一次接触钳子、开壳器等,因此需要教师在幼儿操作之前进行适当的讲解,便于幼儿在接下来的自主探索中掌握基本的使用方法。)

3. 在打开无患子的过程中需要注意的安全问题。

◆ 师:用石头砸开无患子的时候注意不要砸到自己的手。你们看,这个开壳器和钳子有一个大嘴巴,是很危险的。在打开无患子的时候无患子的外壳也可能崩开。所以小朋友们在操作的时候要戴上手套和护目镜,可以保护我们的手和眼睛不受到伤害。

(指导要点:幼儿在操作中的安全十分重要,特别是石头、钳子、剪刀、榔头这类比较危险的工具,让幼儿在探索过程中要格外注意。)

4. 提出操作要求。

◆ 师:现在每张桌子上都有操作材料和调查表,请小朋友们每次用5颗无患子进行实验,看看同样的数量,分别用不同的工具打开会有什么不同。把你们的实验结果记录在调查表上。

(指导要点:在活动前说明操作的要求是十分重要的,特别是每次实验需要的无患子的数量,每次取5颗,数量适宜,让实验的结果更具有科学性。)

5. 幼儿操作,教师巡回指导。

(1) 关注幼儿在操作中使用工具的情况。

◆ 教师帮助有困难的幼儿正确使用工具。

◆ 在巡回指导中关注幼儿的记录方式。

◆ 提醒幼儿在操作中注意安全。

(指导要点:操作过程是幼儿最专注的时刻,在活动中教师要减少对幼儿的干扰,让幼儿在操作时更为专注,当有危险或者幼儿寻求帮助时,教师再进行相应的指导。)

6. 集体讲评。

(1) 将幼儿的调查表集中展示在黑板上。

◆ 师:谁来说一说自己的实验结果?

◆ 师:你用哪个工具打开的无患子最多?哪个工具打开的无患子最少?在打开的过程中遇到了什么问题?

7. 讨论无患子的果皮和果核的作用。

◆ 师:小朋友们,现在无患子已经被打开了,这个黄黄的是什么?(果皮)无患子里面黑黑的是什么?(果核)你们知道它们有什么作用吗?

◆ 师：我们一起看一看吧。（播放无患子果皮和果核的作用视频）

果皮的作用——可以作为洗涤的原材料，用无患子的果皮加水可以直接搓出泡沫，是制作洗涤剂的原材料。

果核的作用——作为菩提子的一种，可以用于手串、项链的制作。

（讲评的环节是十分重要的，教师可以对幼儿在操作过程中遇到的问题进行总结，也可以对实验中获得的结论进行及时的反馈。）

8. 将无患子的果皮和果核放在制作区。

◆ 师：小朋友们，老师把无患子的果皮和果核放在制作区了，下次我们可以制作无患子肥皂和无患子洗手液，还有无患子手串。

活动延伸

★ 区域游戏：在科学区投放无患子操作单，供幼儿区域活动时操作。

★ 无患子的果皮和果核的运用：利用果皮制作肥皂和洗手液等洗涤用品；利用果核制作手串和工艺品。

★ 家园合作：

（1）鼓励家长和幼儿在生活中一起寻找无患子，可以将无患子带到班级中，也可以在家中尝试多种打开无患子的方法。

（2）家长和幼儿一起通过上网、查阅资料等方式了解历史上无患子的用途。

活动反思

陶行知先生说："生活决定教育，教育离不开生活，教育应以生活为中心，生活是幼儿教育的内容，幼儿的生活就是幼儿的教育。"这一理念在同里幼儿园的园本课程中得到了充分体现。无患子是一种自然资源，幼儿在大自然中收集无患子并探索无患子的作用，在洗涤中心探索打开无患子的方法。

活动中，首先让幼儿自己观察，引发幼儿打开无患子的愿望，让幼儿在反复的亲身体验中积极地探索。从整个活动来看，大部分的时间是幼儿在活动（动手、动眼），通过观察、探索的活动来提升自身的能力和经验。通过自己观察和操作，幼儿知道了无患子的结构和各部分的名称。在操作过程中，幼儿自由选择工具打开无患子，并尝试用自己的方式在调查表上记录用不同工具打开无患子的数量，幼儿在实践中激发观察力、探索精神。生活即教育，儿童的教育来源于生活，这次打开无患子的活动让幼儿在轻松愉快的活动氛围中，感知了无患子的结构和作用，感受了探索的乐趣。

（周 静）

方案3：健康的无患子洗手液（中班科学）

活动目标

1. 初步知道无患子的各种作用。
2. 能够动手运用合适的方法提取出无患子的汁液。
3. 在活动中保持愉快的情绪，愿意勤洗手，保持卫生习惯。

活动准备

1. 物质准备：无患子洗手液制作流程图、已打开的无患子、锅具及电磁炉3套、防护手套2双、搅拌棒若干、塑料透明量杯若干、起泡瓶若干、提桶3个、滤网若干。
2. 经验准备：幼儿已经调查过无患子的功能，知道无患子的作用；提前通过网络调查等方式初步了解无患子洗手液的制作过程；有过提取植物汁液的经验。

活动过程

1. 无患子本领大分享。

◆ 师：小朋友们，你们在家里都调查了无患子的许多功能，谁能来说一说你调查到了什么。

◆ 师：原来无患子有那么多的功能呀，它居然能做成洗手液来洗手，为什么？

◆ 小结：无患子遇水产生丰富的泡沫，它含有的物质具有清洁作用。

2. 无患子起泡小实验。

◆ 师：想做一瓶无患子洗手液，你们有什么办法让这些打开的无患子变出许多的泡沫？老师这里也准备了一些材料和工具，请你们用各种方法来试一试。

（指导要点：幼儿开始操作，教师提醒幼儿注意戴好防护用具，小心操作，注意安全。教师可以适当帮助一些能力较弱的幼儿，提醒幼儿多观察多思考，将看到的现象记下来。）

◆ 师：小朋友们的本领真大，你们是怎么变出这么多泡沫的？

3. 洗手液诞生记。

◆ 师：小朋友们的本领真大，能变出这么多的泡沫。我们一起来制作洗手液吧！经过调查和询问，你们能把无患子洗手液的制作方法告诉大家吗？

◆ 观察无患子洗手液制作流程图，了解基本方法。

4. 自制洗手液。

◆ 请幼儿根据流程(清洗→水煮→冷却过筛→装瓶)自制无患子洗手液。

(指导要点:在操作的时候教师提醒幼儿穿戴好防护用具,防止自己受伤。教师巡视指导幼儿,对于部分能力稍弱的幼儿给予一定程度的帮助和引导,注意各个小组完成的进度,合理指导幼儿活动,避免幼儿出现消极等待的状况。)

活动延伸

★ 师:小朋友们,我们的洗手液做完啦,你们知道为什么我们需要洗手吗?

★ 请幼儿将制作完成的洗手液带回教室厕所,复习七步洗手法,随后共同体验无患子洗手液。

★ 请幼儿制作一些宣传用的物品,带着无患子洗手液到小班弟弟妹妹的班级进行宣传,并且在校园内的各个卫生间投放无患子洗手液供大家使用。也可以将无患子洗手液带回家里向父母介绍制作方法以及相关功效等。

活动反思

本次活动是一次分组操作的活动,在前期铺垫的时候可以适当增加一些趣味性,比如通过角色扮演更好地梳理流程。在活动室的操作环节中,需要进行合理的分组和分工协作,教师可根据班级幼儿的人数特点来适当组织。由于幼儿不经常去活动室,难免会有情绪过于兴奋的幼儿,在活动开始前可以先让幼儿对场地有一定的了解,避免部分幼儿因注意力分散而发生危险。制作洗手液是一件逻辑性较为严谨的事情,幼儿可以借此机会学习流程图的概念以及观看的方法,这样可以更好地完成相应步骤,也减少了自己因为记不住步骤而消极等待的时间。

(张　扬)

方案4：有趣的木槿制液（大班科学）

活动目标

1. 知道木槿可以出汁液，木槿的汁液具有清洁的作用。
2. 尝试用多种工具、多种方式探究，获取木槿制液的最佳方式。
3. 在木槿制液的过程中能与同伴合作与交流，体会多次探究带来的快乐，萌发环保意识。

活动准备

1. 物质准备：木槿、塑料盆、石块、橡胶手套、温水、冷水、纱布袋、塑料瓶若干、漏斗。
2. 经验准备：幼儿做过调查，认识木槿，了解木槿的作用，知道木槿花叶能制作成洗涤剂，对用木槿制作天然洗涤剂的方法、步骤有一定的了解。

活动过程

1. 谈话回忆，引入活动主题。

◆ 师：小朋友们，之前我们认识了木槿，知道了木槿有很多的本领，你们还记得吗？我们一起来说说看。

（指导要点：教师引导幼儿回忆木槿的作用，对木槿的本领进行罗列，增进对木槿认识的同时引发幼儿探究的积极性。）

◆ 师：它有一个更大的本领，你们找到了吗？木槿可以制液，在古代，人们用这种液体来洗头发。你们想要来试一试吗？

（指导要点：在此环节，教师可以出示一些人们用木槿制成的液体洗头的图片让幼儿更加形象地了解木槿的本领，并且激发幼儿的活动兴趣。）

2. 第一次探究。

(1) 幼儿自由探索。

◆ 师：这里有很多的工具材料可以进行探究，我们来比一比哪一组弄出的汁液最多。

◆ 师：可以使用各种各样的方法，但是木槿一定要有汁液出来。

（指导要点：在此环节，教师可引导幼儿分组分工开展活动，鼓励幼儿使用多种工具进行尝试，并且强调探究的最终结果是要有越多越好的汁液。）

(2)幼儿交流探索制液经验。

◆ 师:每组制作出来的汁液有多有少,这是什么原因呢?请每组小朋友说一说自己的方法。谁弄出来了,是怎么操作的?汁液少又是什么原因?

(指导要点:在此环节,教师可引导幼儿分享交流各自失败和成功的经验,以不断提高幼儿发现、解决问题的能力、口语表达的能力、逻辑思维的能力,帮助幼儿树立自信心,并且帮助同伴找出问题所在,引发下一次探究。)

3. 第二次探究。

(1)基于经验的二次探究。

◆ 师:刚刚每组都交流了各自的成果经验,我们发现了一些影响液体多少的因素,比如说使用温水的小朋友更容易成功,用手比使用工具出的汁液更多。接下来,我们结合大家分享的经验再来尝试一次吧!

(指导要点:在此环节,教师引导幼儿进行总结,寻找最能使木槿出汁液的方法,再次进行探究。)

(2)总结。

◆ 师:在这次探究中,小朋友们又有了一些疑惑:为什么同样用手搓,所出的汁液就是没有别人的多?

◆ 师:我们请成功的小朋友再来操作示范一下,大家仔细观察有什么不同。

◆ 师:原来揉搓的速度和力度都会影响到我们出液的情况。

(指导要点:在此环节,教师引导幼儿仔细观察他人的示范操作,并且在关键时候进行语言的引导。)

4. 第三次探究。

◆ 师:问题的答案终于被我们找到了,让我们再来试一试吧。

(指导要点:在此环节,教师可以在必要的时候进行适当指导,帮助幼儿逐渐掌握揉搓的方法,并且通过自己的努力取得成功。)

5. 保存木槿洗涤剂。

◆ 师：小朋友们的木槿洗涤剂都制作好了，可是怎么保存呢？我们拿一个塑料瓶，然后借助漏斗，用杯子一杯一杯地往里面装，装满后拧上瓶盖密封。

活动延伸

★ 除了木槿洗涤剂，还可以引导幼儿在家尝试用其他天然植物制作洗涤剂，如皂角、艾草，除了液体，也可以制作成固体，如肥皂。

★ 引导幼儿探索更多提取木槿汁液的方法，除了木槿叶，探索木槿花是否也具有清洗的功能，也可以对比其他植物的叶子，通过木槿制液的方法是否能够达到同样的功效。

活动反思

木槿树位于洗涤中心的侧边，那里有充足的水源，便于幼儿进行木槿的清洗和制液探索。幼儿在洗涤中心能够实现木槿制液的全过程，并且能够调动以往的经验，使得理论与实践相结合，满足他们直接感知、实际操作、亲身体验的愿望，并将自己的探究结果和经验传递给洗涤中心的每一个人,在分享交流的过程中进一步加强自身多方面的能力。同伴间的分工合作至关重要,使得木槿制液的过程变得有趣,而不是简单机械地重复,在这一过程中,幼儿还会遇到一系列的问题,通过同伴合作的方式出谋划策,提出解决问题的最佳方式,在多次探究和总结之后,最终完成任务。在解决问题的过程中,幼儿的自主性、自信心、动手能力、语言表达能力都得到了提升,也体会到了探究、劳动带来的乐趣,通过木槿制作天然洗涤剂,也能从某些程度上萌发幼儿的环保意识。

此次活动,还可以激发幼儿对于木槿更多的探索,这些探索都是自然而然产生的,来源于幼儿的好奇和兴趣,如:木槿制液除了提供的工具还可以使用哪些工具?木槿花可以制作天然洗涤剂吗?怎么制作?木槿洗涤剂洗东西洗得干净吗?所有的东西都能够洗吗?由此,很自然地过渡到下一个探索活动:木槿清洗物品。

(姚晨晨)

方案5:洗涤剂保存小妙招(中班科学)

活动目标

1. 知道天然洗涤剂需要避光、密封保存。
2. 能用彩纸、颜料等各种材料制作不透光的瓶子来保存洗涤剂。
3. 喜欢探究,愿意动手动脑解决问题。

活动准备

1. 物质准备:普通洗洁精瓶子、变质的无患子洗涤剂、手电筒、双面胶、彩纸、剪刀若干。
2. 经验准备:幼儿认识生活中常见的洗涤剂。

活动过程

1. 观察变质的无患子洗涤剂。

◆ 师:我们今天来到洗涤中心的时候,有小朋友发现有些瓶子里的无患子洗涤剂好像长毛了,你们看一看,这是怎么回事呢?

(指导要点:教师请幼儿看一看、闻一闻变质的无患子洗涤剂,引导幼儿思考,激发学习兴趣。)

◆ 师:没错,它的表面长毛了,而且有股难闻的味道,说明它发霉变质,坏了。

2. 探索变质的原因。

(指导要点:教师鼓励幼儿大胆联想猜测,观察无患子洗涤剂的摆放位置、容器避光性、容器密闭性的不同,为自己的想法收集证据。)

◆ 师:为什么有些瓶子里的无患子洗涤济坏了,而有些瓶子里的没坏呢?请你们去观察一下,这些瓶子有什么不一样的地方。

(1) 光照影响。

◆ 师:这两个瓶子是一模一样的,但是其中一个瓶子里的无患子洗涤剂坏了,这是怎么回事?看一看它们俩放的地方有什么不一样。

◆ 小结:坏了的那一瓶放在有阳光的地方,没坏的那一瓶放在阳光照不到的地方。原来,把无患子洗涤剂放在太阳公公看得见的地方就容易变质。因为在阳光下温度比较高,时间长了无患子洗涤剂就会坏。

(2) 容器避光性。

◆ 师:我们再看一看这两个瓶子,它们放在一样的地方,为什么还是一个坏了一个没坏呢?它们的瓶子从外面看有什么不同?用手电筒照一照这两个瓶子,你们发现了什么?

(指导要点:提醒幼儿使用手电筒时避开眼睛,小组成员轮流实验,讨论交流两个瓶子的透光情况,教师巡回指导。)

◆ 小结:有一个瓶子是透明的,手电筒的光能够穿过它,另一个瓶子不透明,手电筒的光不能穿过去。阳光会像手电筒的光一样穿过透明的瓶子,让瓶子里面的温度升高,加快氧化速度,所以透明瓶子里的无患子洗涤剂才会发霉变质。

(3) 容器密闭性。

◆ 师：还有这两个瓶子放的位置一样，瓶子也都是不透明的，怎么也会有一个瓶子里的坏了呢？

（指导要点：教师引导幼儿仔细观察对比瓶盖的位置，尝试拧一拧两个瓶盖，感受拧瓶盖用的力气不同。）

◆ 小结：原来有一个瓶子的盖子没有拧紧，这样会有小细菌跑到瓶子里，无患子洗涤剂就发霉了。

（指导要点：洗洁精瓶子不是透明的，因为洗洁精需要避光保存，阳光照射会让瓶内温度升高，加快产品氧化速度，洗洁精就容易变质，就不能使用了。）

3. 猜想洗涤剂储存妙招。

◆ 师：通过刚才的观察和实验，我们了解到阳光照射、瓶子透光、瓶子没盖紧都会让洗涤剂变质，那你们平时家里用到的洗涤剂都是怎么保存的呢？

（指导要点：迁移生活经验，引导幼儿观察洗洁精瓶子大胆表达，从生活中寻找答案。）

◆ 小结：家里的洗洁精、洗衣液等瓶子都是不透明的，而且瓶子上会写储存的条件——请避光密封保存，就是要放在阴凉的地方并且每次用完后拧紧盖子。

4. 整理包装洗涤剂。

◆ 师：我们知道了洗涤剂的储存方法，现在洗涤中心里还有很多透光的瓶子需要你们帮忙包装，你们有什么好办法吗？

（指导要点：教师提供多种材料工具供幼儿选择，鼓励幼儿大胆动手尝试，提醒幼儿在使用剪刀等工具时注意安全，教师巡回指导。）

◆ 师：经过小朋友们的努力，我们洗涤中心的瓶子都达到储存要求了，最后大家再检查一下瓶盖有没有拧紧，把它们都放到柜子里去。

活动延伸

★ 观察生活中的洗涤剂瓶子，上面都会有生产日期和保质期，可以让幼儿给洗涤中心的瓶子也贴上生产日期。

★ 探索更多不同类型的洗涤剂的不同存放方法，收集生活中不同的洗涤剂瓶子，给洗涤中心的各种洗涤剂选取合适的瓶子储存。

活动反思

本次活动以幼儿为主体，在活动中给幼儿提供直接经验，洗洁精的瓶子不透光，让幼儿发现、探索事物的现象，获得洗涤剂保存需要避光的具体经验。在活动中，幼儿通过自己的观察发现洗涤剂会变质这一问题，教师进而引导幼儿思考变质的原因，让幼儿在探究问题的过程中，尝试说出瓶子摆放位置、避光性、密闭性之间的异同和联系，初步尝试推理，逐步发展逻辑思维能力。幼儿通过观察比较讨论出最适合无患子洗涤剂保存的方法，讨论并自己动手解决问题。

整个活动循序渐进，教师引导幼儿通过观察、猜想、实践等方法解决无患子洗涤剂保存的问题。在活动中，让幼儿自主表达，充分动手、动脑，思考问题、解决问题。

（张晓鹭）

方案6：有趣的溶解（小班科学）

活动目标

1. 对溶解现象感兴趣，知道洗衣粉和洗衣液能溶解于水。
2. 学会使用搅拌棒加快溶解。
3. 愿意大胆尝试科学实验，愿意与同伴分享自己的发现。

活动准备

1. 物质准备：洗衣粉、洗衣液、水、搅拌棒、筷子、勺子、透明杯。
2. 经验准备：幼儿学会分辨洗衣粉、洗衣液。

活动过程

1. 游戏导入，初步感知溶解现象。

(1) 出示洗衣粉和洗衣液。

◆ 师：小朋友们，你们还记得这是什么吗？它们有什么作用？

◆ 师：洗衣粉和洗衣液是我们的好帮手，能帮助我们把衣物变干净。

(2) "捉迷藏"小游戏。

◆ 师：今天洗衣粉和洗衣液要和我们玩一个捉迷藏的游戏，你们知道捉迷藏游戏怎么玩吗？

◆ 师：现在洗衣粉和洗衣液已经藏起来了，快去找找吧。

(3) 藏在水里的洗衣粉和洗衣液。

◆ 师：很多小朋友都找到了藏起来的洗衣粉和洗衣液，但是还有一份洗衣粉你们没有找到，它藏在了这个水杯里，你们发现了吗？

◆ 小结：原来洗衣粉溶解到了水里，两种及以上物质混合而成为一个状态的均匀相的过程称为溶解。

（指导要点：教师以"捉迷藏"游戏导入，通过洗衣粉藏在水里不见的现象，激发幼儿的探究兴趣，从而引出"溶解"。）

2. 实验观察，发现不同物质溶解速度的快慢。

(1) 洗衣液溶解实验。

◆ 师：洗衣粉能溶解在水里，你们猜猜洗衣液能溶解在水里吗？我们一起来做实验吧,每位小朋友拿一个透明杯,在杯中加水,将洗衣液倒在杯子里,仔细观察,你有什么发现?

(2) 对比洗衣液和洗衣粉的溶解速度。

◆ 师:我们发现洗衣液不仅能溶解在水中,而且溶解的速度特别快。你们想不想比较一下洗衣粉和洗衣液谁的溶解速度更快呢?认为洗衣粉溶解速度快的为一组,认为洗衣液溶解速度快的为一组,我们来比赛。

(3) 思考影响溶解快慢的原因。

◆ 师:为什么有的是洗衣液溶解速度快,有的是洗衣粉溶解速度快呢?你们知道其中的原因吗?

◆ 小结:温度高,溶解速度快;液体比固体的溶解速度快……

(指导要点:通过猜想和实际操作,幼儿知道洗衣液也能溶解于水,再通过洗衣粉和洗衣液溶解速度的对比,使他们获得影响溶解速度快慢因素的经验。)

3. 动手探索,尝试使用工具加快溶解。

(1) 思考方法。

◆ 师:在玩"捉迷藏"游戏时,藏得越快,越不容易被找到。那么有没有什么好办法能加快洗衣粉和洗衣液的溶解呢?

(2) 尝试使用工具。

◆ 师:大家的想法都不错,我为大家准备了一些工具,你们觉得它们能加快洗衣粉和洗衣液的溶解吗?如何使用这些工具?我们一起来试试吧。

◆ 师:有没有加快溶解?你们是如何操作的?

(3) 总结。

◆ 师:通过今天的实验我们发现,洗衣粉和洗衣液都能溶解于水,使用搅拌棒、勺子等工具能够加快溶解的速度,溶解可真有趣,还有什么能溶解在水里呢?我们再去探索吧!

(指导要点:关联"捉迷藏"游戏的经验,引发幼儿思考加快溶解的方法,尝试借助各种工具加快溶解速度,帮助幼儿获得使用工具和加快溶解的经验。)

活动延伸

★ 用本次活动制作的洗涤剂开展洗涤活动。

★ 在科学区中创设"有趣的溶解"主题,提供实验材料透明杯、各类固体和液体,实验工具搅拌棒和实验记录表。

★ 继续引导幼儿观察和发现日常生活中神奇的现象,如融化、凝固、汽化、液化、升华、凝华……

活动反思

溶解是日常生活中常见的现象,本活动以"捉迷藏"游戏导入,因为洗衣粉能溶解于水的现象较为直观,而洗衣液溶解于水的现象不容易被发现,所以我们选择了有颜色的洗衣液,方便幼儿观察到洗衣液溶解于水的现象。在探索洗衣液能否溶解于水、思考影响溶解速度的因素和尝试使用工具加快溶解的环节中,为了调动幼儿的探索积极性,我们都让幼儿先根据已有经验以及在本次活动中获得的经验进行猜测,再通过亲身体验和实际操作验证自己的猜想,使获得的经验更加牢固。在不断积累经验的同时,引导幼儿将经验运用于新的活动中,我们计划将活动延伸到生活中,探索更加神奇的、有趣的现象。

(姚振涛)

方案7:泡泡水发明家(中班科学)

活动目标

1. 知道泡泡水是由清水加洗涤剂混合制作而成的。
2. 能够使用各种各样的洗涤剂制作泡泡水,并尝试吹出更多更大的泡泡。
3. 愿意动手尝试制作泡泡水,体验吹泡泡的乐趣。

活动准备

1. 物质准备:泡泡水、洗衣粉、洗洁精、洗手液、沐浴露、洗衣液、洗发水、清水、搅拌棒、吹泡泡工具。

2. 经验准备:幼儿有过玩泡泡的经验,初步了解洗涤剂可以产生泡泡。

活动过程

1. 演示导入,泡泡来做客。

(1) 教师表演吹泡泡,激发幼儿的兴趣。

◆ 师:今天有一位新朋友来我们班做客,我们一起来看看它是谁吧!(教师表演吹泡泡)

(2) 教师引导幼儿回忆并讨论在什么时候见过泡泡。

◆ 师:小朋友们都见过这位新朋友吗?你们在哪里见过?

◆ 小结:原来泡泡经常会在我们的生活中出现,小朋友们想不想一起来吹泡泡?今天我们就来自己当一回泡泡发明家吧!

(3) 幼儿了解可以制作出泡泡水的材料。

◆ 师:小朋友们,你们知道哪些材料可以制作出泡泡水吗?为什么?

◆ 小结:小朋友们可真厉害,都知道洗衣粉、洗洁精、洗手液、沐浴露、洗衣液、洗发水能做成泡泡水,下面我们就来试一试,用这些材料制作出好玩的泡泡水吧!

2. 操作实验,制作泡泡水。

(1) 教师出示制作泡泡水的材料,引导幼儿进行初步尝试。

◆ 师:老师这里已经准备好了清水,还有小朋友们说到的可能吹出泡泡的材料,有洗洁精、洗衣粉、沐浴露等。请你们选择一种你觉得可以成功的材料,来试试制作泡泡水。

(指导要点:教师注意对幼儿进行安全教育,告诉他们在取用洗涤用品后不揉眼睛,不把洗涤用品放进嘴巴里等。)

(2) 幼儿尝试制作泡泡水,教师巡回指导,及时帮助有需要的幼儿。

（指导要点：教师引导幼儿在加入洗涤剂后要充分搅拌。）

（3）引导幼儿介绍自己制作的泡泡水，并使用吹泡泡工具检验制作的泡泡水是否成功。

- ◆ 师：小朋友们都做好了自己的泡泡水，可以说一说，你们用了什么方法吗？能吹出泡泡吗？

（4）教师引导幼儿思考为什么有的方法成功了，有的方法没有成功。

- ◆ 师：你的泡泡水里加了什么？有人跟他用了一样的方法吗？为什么你的能成功，他的没有成功呢？

（5）小结：原来加入洗涤剂的多少会影响最终吹泡泡的效果，加得越多越容易吹出泡泡，加得太少了则不能吹出泡泡。

（6）引导幼儿互换泡泡水，比较谁的泡泡水最容易吹出泡泡。

- ◆ 师：下面请小朋友们和你身边的同伴交换泡泡水吹一吹，请你们来比较一下谁的泡泡水最容易吹出泡泡来。

（指导要点：教师引导幼儿通过比较的方式，判断哪一种洗涤剂更适合制作泡泡水。）

（7）小结：看来小朋友们制作的泡泡水效果都不太一样，加入洗洁精的最容易吹出泡泡，加入洗涤剂越多越容易吹出泡泡。

3. 继续探索,吹出大泡泡。

(1) 教师引导幼儿再次尝试,加入其他的洗涤剂混合,观察泡泡水的变化。

◆ 师:看来想要制作出成功的泡泡水还不容易呢!老师这里也有一个好办法想请小朋友们试一试,请你们在泡泡水里加入多种洗涤剂再来试一次。

(2) 幼儿自主操作,并交流自己观察到的结果。

◆ 师:这次你的泡泡水成功了吗?你发现了什么?有什么变化吗?

(3) 小结:原来,多种洗涤剂混合制作的泡泡水,就可以吹出更大更多的泡泡呢。

(指导要点:本环节二次加入洗涤剂,一方面可以帮助之前没有成功做出泡泡水的幼儿再次尝试,另一方面可以引导幼儿操作感知多种洗涤剂混合后制作出的泡泡水效果更好,丰富幼儿的经验。)

4. 户外游戏,与泡泡共舞。

◆ 教师引导幼儿到户外进行吹泡泡比赛,感受吹泡泡的乐趣。

师:小朋友们都很厉害,制作出了自己的泡泡水。下面请小朋友们到户外一起进行吹泡泡游戏吧,让我们来比一比谁吹出的泡泡最大!

活动延伸

★ 家园合作:教师引导幼儿和爸爸妈妈一起用泡泡进行游戏,例如不同形状的吹泡泡工具吹出来的泡泡都一样吗?有其他形状的泡泡吗?与家长一起收集结果,并与小朋友们分享交流;进行吹泡泡比赛,比比谁吹出的泡泡最大、最多、保持的时间最久等。

★ 区域游戏:在美工区开展"泡泡画画"的游戏,提供不同颜色的泡泡水、吸管、白纸等工具材料,引导幼儿使用吸管蘸取调色后的泡泡水,通过在纸上吹泡泡来制作漂亮的美术作品。

活动反思

在本次"泡泡水发明家"的活动中,我们选择了与幼儿生活相贴近的内容——泡泡,泡泡本身具有可漂浮、可触摸、容易消失的特征,幼儿能够清晰地观察到它从有到无的过程,这充分抓住了幼儿的好奇心与探索欲望。大部分幼儿都已经知道泡泡是因为在水里加入了洗涤剂而产生的,在初步讨论的环节中,幼儿都能够根据自己的生活经验大胆表达。但在制作的过程中,由于幼儿使用的方法各有不同,所呈现出来的泡泡水的效果也不同。通过比较与讨论,幼儿能够直观地感知到洗涤剂的品种与浓度会影响泡泡水的效果,浓度高的洗涤剂制作出的泡泡水效果也更好。

教师通过实验操作的形式,给予幼儿充分的操作机会,使其发展动手操作能力。教师提供多种材料,充分考虑到幼儿可能出现的猜想,使幼儿的想法都能够得到验证。在与材料互动的过程中幼儿进一步建构经验,感受科学的魅力,体验科学实验的乐趣。

(许　媛)

方案8:皂角液的奥秘(大班科学)

活动目标

1. 了解皂角的特性和用途,知道生活中很多资源都是可以进行再利用的。
2. 能正确使用工具,和同伴相互协作,探索制作皂角液的方法。
3. 体验制作皂角液的乐趣。

活动准备

1. 物质准备:幼儿园的皂角树、成熟皂角、肥皂1块、脸盆、水、幼儿防护手套、防水衣、皂角液制作流程图。
2. 经验准备:幼儿见过幼儿园的皂角树。

活动过程

1. 观察皂角实物,激发制作皂角液的兴趣。
   - ◆ 师:小朋友们,你们认识幼儿园的这棵树吗?秋天来了,树上的皂角变成了什么颜色?

◆ 师：皂角成熟之后就会变成棕褐色，经过风吹日晒然后掉落地面。你们知道皂角有什么用？

（指导要点：教师出示肥皂，引导幼儿初步了解皂角的特性和用途，建立相关的知识体系。）

◆ 师：皂角是天然的肥皂，里面含有的皂苷可以中和身体分泌的油脂，达到清洁的效果，也能用来洗衣服。现在我们来验证一下，它是否真的这么神奇，能变出皂角液。

2. 出示操作材料，引导幼儿动手制作皂角液。

（1）学习操作流程，激发动手操作的兴趣。

◆ 师：想要制成皂角液，我们需要先把成熟皂角用手掰成很多小段放入脸盆中，然后加水用小手进行搅拌。

（2）尝试安全地把硬硬的皂角变成小段。

◆ 师：成熟的皂角壳很硬，怎么才能把它分成很多小段？你可以尝试用洗涤中心的各种工具将其分成小段。

◆ 师：在分成小段的时候我们要注意些什么？

（指导要点：教师提前和幼儿讨论操作过程中需要注意的事项，如戴好防护手套，保护小手，使用工具时要保护自己等。）

◆ 师：有的小朋友还发现皂角里面藏着一粒粒的皂角米，这是一种非常好的营养物质，它含有多种氨基酸、维生素、矿物质，能够美容养颜、清肝明目。所以说，皂角树浑身都是宝，是一种非常神奇的树！

3. 幼儿第一次操作尝试制作皂角液。

4. 分享交流,小结制作皂角液的要点。
- 师:为什么小朋友制作的皂角液有的不怎么出泡,有的却有不少泡泡呢?
(指导要点:教师引导幼儿通过回顾、描述自己的探究过程,梳理皂角出泡的关键。)
- 小结:快速搅动要比缓慢搅动更容易出泡。

5. 幼儿第二次操作。
- 师:我们还可以用小手对皂角段进行揉捏,这样会得到浓度更大的皂角液,清洗效果也会更好。知道这个小秘诀后我们再来尝试看看吧!

6. 幼儿用自己制作的皂角液清洗玩具。
- 师:现在我们一起来实验一下,用制作好的皂角液来洗洗玩具吧,看看它能否帮我们去除上面的污渍!
- 师:原来小小的皂角居然这么神奇,能够制成皂角液帮我们清洁皮肤和衣物。在我们的生活中,还有哪些东西也能加工成洗涤剂呢?

活动延伸

★ 可以根据幼儿的兴趣进行进一步的探索,思考如何使皂角液固化成形等。

★ 区域活动中投放相关的材料和工具,幼儿可根据兴趣进行皂角液的制作或美工、科学等其他方面的探索和尝试。

活动反思

这是一节科学活动课,旨在让幼儿学会合理使用工具、学会与同伴相互协作以及制作皂角液的方法,以小小的皂角为引子体验资源再利用的意义。幼儿科学学习的核心是激发探究兴趣,体验探究过程,发展初步的探究能力。爱探索是幼儿的天性,活动中教师需要营造宽松的探究氛围,引导幼儿更深入地与同伴互相学习、交流,例如在制作皂角液的过程中鼓励幼儿积极动手动脑寻找答案或解决问题,形成新经验,体验合作探究和发现的乐趣。

另外，在活动过程中教师应当注意关注幼儿创新性的想法和举动，支持他们按照自己的想法探索、调整、再探索，并在他们遇到困难的时候给予适当的支持。如果时间上来不及，可以把问题记录下来鼓励幼儿在其他时间继续探索。

（陆嘉玲）

方案9：快乐制"皂"（大班科学）

活动目标

1. 能通过观察、比较与分析来验证自己的猜想，发现并描述不同种类物体的特征或某个事物前后的变化。
2. 在无患子制皂的各个环节中积极参与群体活动并感到快乐。

活动准备

1. 物质准备：已经过滤好的无患子液、电磁炉、锅子、勺子、刮刀、刻度量杯、皂基、搅拌棒、硅胶模具、水、防烫手套、有关古代肥皂的介绍视频以及现代冷制皂的视频。
2. 经验准备：幼儿认识无患子，使用过电子秤。

活动过程

1. 观看视频，对比古代和现代制皂的不同，感受科技进步。

（1）了解古代制皂的材料及方法。

◆ 师：（出示肥皂）小朋友们，这是什么？肥皂在古代就有了，猜猜看，古时候的肥皂是用什么东西做出来的？

（指导要点：引起幼儿的兴趣，进行猜想和讨论。）

◆ 师：小朋友们的想象真丰富，现在老师请大家观看有关古代肥皂的介绍视频，看完以后，请你简单说说古代制作肥皂的时候用了哪些材料。

◆ 小结：古时候，大家都拿豆面和香料混合在一起做成"澡豆"，后来人们慢慢对这种"澡豆"进行改进，将猪油、砂糖、猪胰、香油按比例研磨加热压制成肥皂。

（2）了解现代冷制皂的材料及方法。

◆ 师：我们现代的肥皂是怎么做成的呢？最简单的方法是冷制皂。我们来看看视频中的冷制皂用了哪些材料，是怎么做的。

- 小结:小朋友们看得都很认真。冷制皂需要使用皂基、模具等材料和工具。你可以用小眼睛仔细看看皂基是怎样的、模具是怎样的,你也可以摸一摸它们。
- 师:还记得无患子手工皂的制作方法吗?谁来说一说?
- 小结:小朋友们说对了,制作无患子手工皂需要以下五步:电磁炉加热融化皂基;融化的皂基与无患子液融合:500克皂基+125毫升无患子液;加入基础油,慢慢搅拌,均匀即可;倒入模具,用刮刀挡住上面的气泡;凝固脱模,等待1—2小时凝固,一天后脱模。

(3)师:看了两段视频,你发现古代和现代制皂有什么不同?

- 小结:使用的材料和工具不同,制作的步骤也不同。材料、工具都进步了,所以现在的肥皂做起来更加方便。

2. 尝试自制无患子手工皂。

(1)师:我在洗涤中心的调配区里也准备了很多材料和工具,今天我们就用无患子液、皂基来制作一块属于我们自己的无患子手工皂吧!

(2)幼儿实践操作、分工合作。

- 师:小朋友们,制作无患子手工皂需要很多步骤,想一想,怎么分工更好?

(指导要点:教师引导幼儿互相合作制皂并鼓励他们大胆尝试,在活动中要注意自我保护,避免烫伤。同时,请幼儿关注实验过程,发现融化、凝固等现象。)

3. 交流分享。

◆ 师：你们的肥皂做成功了吗？谁愿意来分享一下自己成功的小秘诀？

◆ 小结：成功制作无患子手工皂不仅要掌握正确的制作方法，还需要大家分工合作，每一位小朋友都要认真专注才行。

◆ 师：小朋友们看一看无患子手工皂凝固了吗？我们一天后再来脱模吧！

活动延伸

★ 幼儿对制作手工皂充满了热情和兴趣，这是良好的教育契机。后续可引导幼儿利用周边的自然材料尝试制作各种不同形状、图案、味道、功能的肥皂。

★ 鼓励幼儿收集牛奶罐等材料，尝试把它们变成模具。

活动反思

本次活动有极多可以挖掘的经验价值，幼儿的科学探究贯穿于每个环节。尤其在加热皂基和冷却环节，幼儿对融化、凝固两种物理现象十分感兴趣。当教师关注到幼儿的兴趣时，教师应该保护幼儿的求知欲和好奇心并提供适宜他们探究的材料、工具等支持他们，引导幼儿通过直接感知、亲身体验和实际操作进行科学学习。不要只将做成一块肥皂作为活动的目标，还应该更多地关注幼儿在整个活动中各类经验的获得及实验的过程，待幼儿将肥皂脱模成功以后，可以鼓励父母与孩子使用自制的肥皂进行简单的洗涤活动，如洗手帕等，这样既进行了劳动教育，也让他们体验到劳动成果带给他们的喜悦。

（张彦超）

方案 10：认识草木灰（大班科学）

活动目标

1. 了解草木灰的基本特征，知道草木灰的制作方法。
2. 大胆摸一摸草木灰，尝试进行草木灰溶水的实验。
3. 体验科学探究的乐趣，激发对草木灰的探究兴趣。

活动准备

1. 物质准备：洗涤中心调配区场地、PPT 课件、草木灰、小勺子、装有适量水的透明瓶、搅拌棒、防护用具、小口罩每人1份。

2. 经验准备：幼儿有混合、搅拌的经验。

活动过程

1. 实物导入，认识草木灰。

◆ 师：(出示实物)小朋友们，看看今天老师给你们带来了什么，你们见过吗？

◆ 师：它是草木灰，看看它是什么样的。

(指导要点：教师鼓励幼儿进行近距离的观察，大胆摸一摸草木灰，多感官探索草木灰，感受草木灰的特性。探究过程中教师提醒幼儿戴上口罩等防护用具，注意避开眼耳口鼻。)

◆ 师：谁来说一说你的发现？

◆ 小结：小朋友们观察得很仔细，草木灰是黑色的，摸起来很粗糙，像沙子一样，闻起来还有一股烧焦的味道。

(指导要点：幼儿通过和真实的草木灰材料互动，直观地感知了草木灰的样子，了解了什么是草木灰。)

2. 了解草木灰的由来。

◆ 师：猜一猜，草木灰是怎么来的？草木灰有什么用？

(教师播放农民伯伯燃烧枯草树木的视频，请幼儿认真观看。)

◆ 小结：原来草木灰是农民伯伯们用枯树枝、枯树叶、稻草等材料烧出来的。烧出来的草木灰能当成肥料浇在田野上，它还是一种洗涤材料，具有清洁作用。

(指导要点：此环节重点是引起幼儿对草木灰的兴趣，让幼儿通过观看视频知道草木灰的制作过程和作用，激发下一步探索草木灰的兴趣。)

3. 第一次尝试草木灰溶水实验。

◆ 师：清洗需要用到水，草木灰是一种洗涤材料，猜猜看，它遇到水会发生什么？

◆ 师:我们也可以动手试一试,把草木灰放到水里,看一看会发生什么。在实验前,别忘记检查一下我们的防护用具有没有穿戴正确。

(指导要点:教师注意交代清楚实验探究的目的和方法以及实验中的安全事项。)

4. 幼儿交流自己的发现,发现草木灰溶于水的秘密。

◆ 师:实验中你发现草木灰怎么样了,水有什么变化?

◆ 小结:草木灰看不见了,水的颜色也变成了灰色。说明草木灰溶于水。

◆ 师:你知道为什么有些水是黑的,有些水是灰的?

◆ 小结:原来草木灰放得越多,水的颜色就会变得越黑。

(指导要点:这是一个简单的溶水实验,幼儿通过实际操作、亲身体验、直接感知,证明了草木灰可溶于水的特性。教师又提出草木灰液颜色深浅的问题,是一次很好的经验提升。)

5. 结束部分。

◆ 师:草木灰溶到水中,水变成黑灰色液体了,把衣服放到水里搓一搓就能把衣服洗干净了。

◆ 请幼儿收拾干净自己的桌面。

(指导要点:教师注意实验结束后请幼儿及时地收拾干净桌面,这是一个自我服务和劳动的好机会。)

活动延伸

★ 草木灰有清洁的功效,可进一步开展草木灰洗涤活动,让幼儿在活动中了解草木灰的作用。

★ 引导幼儿把草木灰运到种植地,当作肥料使用。

活动反思

"认识草木灰"是大班的一个科学活动,活动根据幼儿的年龄特点和幼儿的兴趣设计,是一次尝试性、操作性和探索性比较强的科学学习活动。整个活动内容新颖,有创意,组织形式相对灵活,需要教师在活动中随机应变。草木灰在农村曾经是很常见的事物,由草、树枝等焚烧而来。近些年随着人们对环境的重视,它便逐渐淡化在人们的视线中,所以这一活动对幼儿来说既熟悉又陌生,富有一定的挑战性和新鲜感。

教师在导入部分,通过对话、观看现场视频和猜测讨论逐渐深入,让幼儿知道了草木灰的制作过程,也激发了进一步认识草木灰的兴趣。随后让幼儿通过大胆观察、触摸草木灰,很好地了解了草木灰的样子,知道了草木灰是什么。再通过两次简单的溶水实验,幼儿在实际操作、亲身体验、直接感知中,证明了草木灰可溶于水的特性以及草木灰放得越多草木灰液颜色就会越深,体现了幼儿的科学探索精神,达到了《指南》中科学领域的发展目标。最后实验结束请幼儿及时地收拾干净桌面,这是一个自我服务和劳动的好机会。收集草木灰液更是为今后的探究做好准备。在延伸部分中,鼓励幼儿和家长一起探究草木灰的用途,做到了家园共育,也为后续活动的开展埋下伏笔,激起了幼儿的探索欲望。

(计方翔)

方案11:标签我知道(大班美术)

活动目标

1. 乐意分享交流,并能较清晰地表达自己的想法。
2. 尝试用简单的图符设计洗涤物品的标签,体验共同制作的快乐。

活动准备

1. 物质准备:收集的各种洗涤剂、各种洗涤工具若干、记号笔、油画棒、水彩笔、炫彩棒、白纸若干、幼儿在洗涤中心活动的视频。
2. 经验准备:幼儿认识一些标签,了解标签的用途。

活动过程

1. 谈话导入,洗涤中心物品知多少。

◆ 师：最近我们洗涤中心的活动越来越丰富了，经过大家的收集，洗涤中心的物品越来越多。

◆ 师：这些物品里你认识哪些，你能叫出它们的名字吗？

◆ 师：你知道它们是怎么用的吗？

◆ 小结：我们这里有洗衣粉、洗衣液、肥皂、洗衣凝珠、脸盆、搓衣板等很多东西，这些东西都是为了让我们的衣服洗得更干净。刚刚小朋友们也都说了它们的作用，那现在请你们把它们分分类，把洗涤剂放一起，把洗衣工具放一起。

2. 幼儿尝试探索如何将洗涤中心内的各类物品进行分类。

（1）教师组织幼儿自由分组，自由分类洗涤中心的各类物品。

（2）教师将每组幼儿分类的结果的照片进行展示，引导幼儿观察讨论分类是否正确，如有错误，请其他幼儿给予建议。

3. 激发幼儿为各类洗涤物品制作标签的兴趣。

（1）观看其他班级幼儿在洗涤中心活动的视频。

◆ 师：他们在洗涤中心玩的时候遇到了什么麻烦？（幼儿讨论）

◆ 师：你有什么办法帮助他们吗？（幼儿讨论分享）

（2）教师小结幼儿的讨论结果，并根据幼儿的回答引出制作标签。

◆ 师：标签的确很有用，有了标签可以方便我们将物品进行分类摆放，还可以方便小朋友在洗涤衣服时更快地找到自己需要的物品。

◆ 师：你们愿意帮助大家制作标签吗？

4. 幼儿进行标签制作。

(1) 讨论:小标签应该怎样制作?(设置问题引导幼儿说出自己的想法)

◆ 小结:制作标签时我们可以仔细观察物品的形状、大小、颜色等,标签要既有趣又能让别人一看就明白。

(2) 幼儿自主设计标签。

(指导要点:请每个幼儿为自己这组设计三张不同的标签,设计好后贴到小黑板上,比一比谁设计的标签让人一看就明白。)

5. 分享交流。

(1) 讨论:你最喜欢哪个标签,为什么?

◆ 小结:制作标签时我们可以仔细观察物品的形状、大小、颜色等,用各种图符来表示。

(2) 幼儿贴标签。

活动延伸

★ 家园合作：教师引导幼儿和爸爸妈妈在家一起设计标签，让家里的玩具柜、书柜等地方的物品整理收纳效果更好。引导幼儿进一步知道在生活中利用标签进行归类整理的重要性。

★ 区域游戏：在美工区开展"班级区域材料筐标签设计大赛"，让幼儿通过讨论、投票等方式，选出更加合适的标签，引导幼儿懂得在设计标签时要遵循简单、明了、实用等原则。

活动反思

活动来源于幼儿，根据幼儿自己在洗涤中心里活动时遇到的问题，教师抓住标签这个切入点，作为活动中需重点解决的问题，提升了幼儿的现有经验。优点：环节设计清晰，层层递进。整个活动紧紧围绕目标展开，将标签这个生活中常用的符号进行解读，并通过绘画的方式进行呈现，环节过渡流畅。从经验回顾到设计标签再通过分享交流来解决问题，环环紧扣，层层递进。不足之处：缺乏生生互动。在设计标签的环节，教师没有将问题抛给幼儿，没有充分引发生生互动。教师完全可以将互动的主动权交给幼儿："对于这些标记你们还有哪些问题吗？都看懂了吗？"这样更能引发幼儿之间的互动交流。

（徐彩霞）

方案12：我设计的物品洗涤清单（大班美术）

活动目标

1. 了解什么是清单，以及清单的构成内容。
2. 能互相商讨清单内容，并能用多种工具或不同的表现手法绘制物品洗涤清单。
3. 喜欢参加美术活动，体验表现与创造的乐趣。

活动准备

1. 物质准备：不同形式的清单图片3张，脏衣服、刷子、肥皂实物图片，衣服、刷子、肥皂对应示例图片，清单示例图1份，白纸、彩纸若干，剪刀，胶棒，黑色记号笔若干，彩色笔若干，展示板1块。
2. 经验准备：幼儿认识并了解洗涤工具和洗涤用品的用法；有一定的符号、绘画表征能力。

活动过程

1. 图片导入，了解清单的构成。

观察不同形式的清单图片，认识清单。

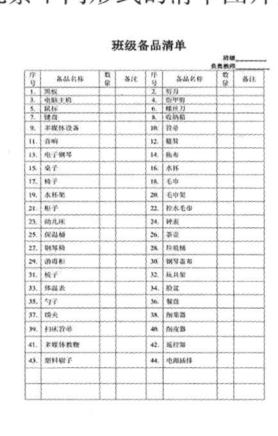

图1-1　　　　　图1-2　　　　　图1-3

- 师：（出示图1-1）小朋友们知道这是什么吗？它由什么构成？
- 师：我们再来看看这张图（出示图1-2），它上面有什么？
- 师：（出示图1-3）这张图呢？

◆ 小结:以上三张图都是清单。清单就是把规定的所有东西用文字、表格、图画等方式在一张纸上表示出来,它上面包含物品名称、数量等信息方便人们查看、记忆等。比如第一张是用表格和文字的方式把我们教室里所有东西的名称都记录在里面了;第二张是用文字和图案的方式告诉爸爸妈妈小朋友开学的时候需要带的所有的物品;第三张是用图画的方式记录了家里所有的美食。

(指导要点:教师利用三种不同形式的清单图片让幼儿对清单是什么、由什么构成有一定的了解。)

2. 提出设计清单的任务,商讨物品洗涤清单内容。

(1) 交代任务,引发讨论。

◆ 师:前些天,洗涤中心收到了各个班级送来的需要清洗的物品,我们一起来看看有些什么。

◆ 师:这么多需要清洗的物品我们记不清怎么办?什么时候的?哪个班级的?谁送来的?这些物品需要用什么洗涤用品来洗?

◆ 小结:小朋友们说得真对,我们也可以制成一张物品洗涤清单。我们应该怎么设计物品洗涤清单呢?清单上需要呈现哪些东西?请和你的好朋友或者同桌的小朋友们一起讨论一下。

(指导要点:教师鼓励幼儿大胆表达自己的想法,能按照次序轮流讲话,不轻易打断别人说话。教师来回倾听指导,帮助幼儿完善清单内容。)

(2) 分享结果,确定清单内容。

◆ 师:谁来说一说你们讨论的结果?

◆ 小结:小朋友们讨论的内容比较全面,物品洗涤清单不仅要有需要清洗的物品名称,还要有与它对应的洗涤工具和用品、送来的人的姓名、日期等。

◆ 师:想一想怎样把我们刚才讨论的清单内容都表示出来让大家看懂呢?(画图)

◆ (出示脏衣服图片)小朋友们,这是一件需要清洗的脏衣服,我们可以像这样把它在白纸上画出来。

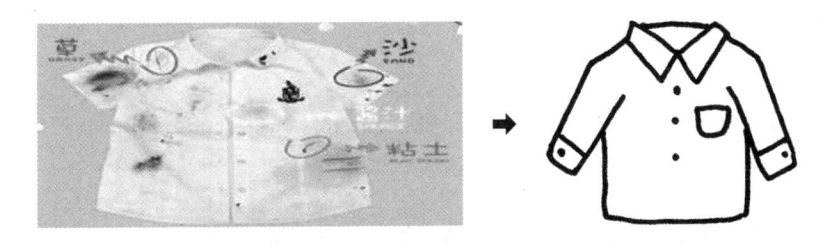

◆ 师:这件衣服需要用到的洗涤工具和用品在洗涤清单上怎么画出来?

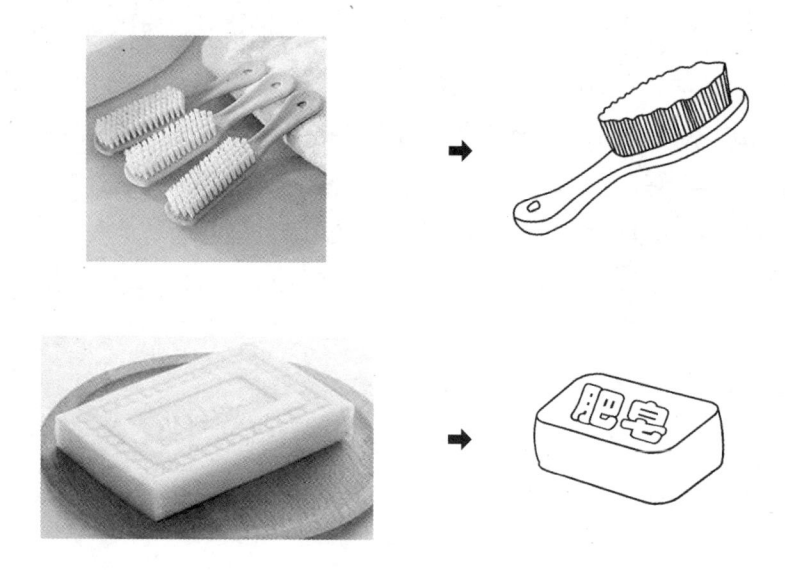

◆ 小结：物品洗涤清单上的内容要清晰，让大家都能看懂。

日期	班级	物品主人姓名	需清洗的物品名称	所需工具	所需洗涤用品
月　日					

3. 出示准备的材料，幼儿自主选择材料设计自己的物品洗涤清单。

◆ 师：洗涤清单的样式还有很多，请大家按照自己的想法来设计一张物品洗涤清单。

（1）出示材料：白纸若干、和示例图一样有横格的白纸若干、黑色记号笔、彩色笔、彩纸、剪刀、胶棒等。

（2）幼儿自主选择材料，设计物品清洗清单，教师巡回观察指导。

（指导要点：美术活动中，提供丰富多样的美术工具材料，激发幼儿愿意创作、喜欢表达、积极探索、个性化地操作学习的热情。充分发挥幼儿的想象力和创造力，激发他们探索的欲望，满足幼儿的好奇心。每一种尝试都会带来不同的效果，使幼儿体验成功的喜悦。）

4. 集体展示、交流、评价。

◆ 师：我们把设计好的物品洗涤清单夹到前面的大展示板上，和好朋友来介绍一下自己设计的清单。

（1）操作时间结束，集中幼儿集体展示、交流、评价。

（2）请个别幼儿介绍自己的清单，说说最喜欢谁设计的清单，为什么。

（指导要点：评价是教师和幼儿之间交流的桥梁，能起到概括、分析、提高的作用，它不仅是美术活动中不可或缺的重要环节，也是提高幼儿审美能力的重要手段。在幼儿自评、互评作品时，教师要让幼儿去发现自己或他人的绘画成果，感受自己或他人的与众不同，对自己的作品产生自信心，对他人的作品产生肯定和欣赏之情。）

◆ 师：小朋友们设计的物品洗涤清单清晰又漂亮，但是每一种物品都有自己的特点，清洗过程中还有许多需要注意的地方，我们可以把这些地方画出来提醒大家。

活动延伸

★ 回家后，和爸爸妈妈一起设计家里的物品洗涤清单。

活动反思

本次活动旨在让幼儿了解什么是清单，通过自主商讨能有自己的想法，选择不同的材料设计自己的物品洗涤清单，从而激发美术创作的兴趣。

经过活动前期一系列的其他活动，幼儿已经认识并了解了许多的洗涤工具和洗涤用品，从而对洗涤活动中需要清洗的物品有了一定的经验积累。对于清单是什么，虽然个别幼儿有一些生活经验，但大多数幼儿还是第一次接触，因此我选择了三种不同形式的清单图片，较为细致地让幼儿观察，向他们介绍了这些清单的构成，从而也给幼儿建立了一个清单构成的主要经验即是规定条件下的所有物品集合的概念。有了概念后，幼儿在商讨设计物品洗涤清单时都很有自己的想法，在之后的操作中也能够按照自己的想法选择相应的材料进行自己的设计活动。这次活动中我们材料准备得还是不够充足，日后要注意。讲评环节中，通过观察、对比、评价，幼儿提升了审美能力，但个别幼儿还是需要丰富词汇，锻炼口语表达能力。活动的延伸部分保留且进一步激发了幼儿的设计创作兴趣，希望他们越来越喜欢参与美工活动。

（陈 洁）

方案13：待洗物品我分类（中班数学）

活动目标

1. 能将物品按照特征分类并了解生活中常见物品适合哪种洗涤剂。
2. 能在活动中大胆进行分类，体会合作探究的快乐。

活动准备

1. 物质准备:洗涤中心待洗区的各类物品,洗衣液、洗洁精、果蔬清洗剂、消毒水等洗涤剂,筐子若干。
2. 经验准备:幼儿了解过家中常见的各类洗涤剂。

活动过程

1. 进入待洗区,谈话导入。

◆ 师:小朋友们,洗涤中心待洗区堆满了要清洗的物品,我们一起来看看有些什么。(衣服、玩具、餐具、果蔬等)

◆ 师:平时,你看见爸爸妈妈是用什么洗涤剂来清洗这些物品的?为什么?

◆ 小结:小朋友们观察得很仔细哦!一般来说,衣服是用洗衣粉、洗衣液、肥皂等洗涤剂来清洗的,因为这些洗涤剂的去污能力更强;餐具等使用洗洁精更合适,洗洁精有较强的去油能力;果蔬清洗剂可以清除瓜果蔬菜上的农药残留物;玩具一般会使用消毒水有效去除上面的细菌。

2. 学习合理的分类方法。

◆ 师:平时为了节约时间,爸爸妈妈会把同一类物品放在一起清洗。那么小朋友们,你们来看看待洗区的这一筐待洗物品,想一想并和旁边的小朋友们来讨论一下:哪些物品放在一起清洗比较合理?为什么?

◆ 小结:小朋友们都非常聪明,想出了各种分类的方法。我们可以把用洗衣液、洗衣粉洗的上衣和裤子放在一起,把用洗洁精洗的锅碗瓢盆放在一起,也有小朋友把用果蔬清洗剂洗的水果蔬菜放在一起,这些都是很好的待洗物品分类方式。

3. 待洗物品大分类。

◆ 师:待洗区里还有很多需要清洗的物品,小朋友们能根据刚才总结的分类方法把其他待洗物品进行分类吗?瞧,待洗区的各个筐子前面都放了要使用的洗涤剂,请小朋友们把待洗物品都拿过来放进对应的筐中。

◆ 幼儿操作。

(指导要点:让幼儿在实际操作中进行合理的分类,增强幼儿待洗物品分类的工作经验。)

- 师：刚才小朋友们都在认真地分类，说一说，你是怎么进行分类的。
- 小结：通过小朋友们的认真分类，我们的待洗区现在也变得整洁起来，我们也能快速地找到清洗各类物品需要的洗涤剂。

活动延伸

★ 在本次活动中，幼儿初步了解了生活中常见的物品要使用的洗涤剂，但其实生活中物品的洗涤方式和要使用的洗涤剂还有很多不同，我们可以在生活区或是科学区继续引导幼儿深入探究，例如认识衣物上的洗涤标签，了解干洗、水洗、机洗标志，了解不同材质的物品所要使用的洗涤剂和洗涤方式的不同等。

★ 鼓励幼儿在家中和父母一起进行洗涤活动，在亲自动手操作中，提高幼儿的自我服务能力，学做家中的小主人。

活动反思

洗涤活动是幼儿非常喜爱的活动，但在家中，幼儿往往不被允许去做或者了解甚少，通过我们的各类洗涤活动,幼儿了解了很多关于洗涤的生活小常识,体验了洗涤的乐趣。在活动中,教师鼓励幼儿自主探索分类方式,亲身体验、小组合作进行分类,大胆表述自己的探究成果,幼儿将自己的洗涤经验与同伴分享,合作探究各类物品的洗涤方式和所要使用的洗涤剂,合理分类待洗物品。在这个探究过程中,幼儿不仅增长了洗涤的知识,还提高了洗涤的效率,知道了原来待洗区也可以整整齐齐地分类整理,有事可做。本次活动促进了中班幼儿洗涤活动的顺利开展,同时也让幼儿了解到父母做家务的辛苦,增进了父母与孩子的沟通。在生活中、学习中,我们都需要养成分类整理的好习惯,这也是幼儿未来幸福生活、快乐学习的必备技能之一。积极鼓励幼儿在班级中、在家中参与分类整理,更加有助于幼儿养成分类整理的好习惯,提升幼儿的动手能力、逻辑思维能力及自我服务能力。

(杨　雪)

方案14:神奇的丝瓜筋(中班科学)

活动目标

1. 知道生活中的自然物可以成为洗涤用具。
2. 尝试制作丝瓜筋,学习使用丝瓜筋进行洗涤。
3. 愿意大胆尝试,体验制作丝瓜筋和使用丝瓜筋洗涤的快乐。

活动准备

1. 物质准备:丝瓜图片、丝瓜谜语、成熟的丝瓜、丝瓜筋、丝瓜筋制作步骤图、碗筷等。
2. 经验准备:幼儿认识丝瓜,有使用洗涤工具进行洗涤的经验。

活动过程

1. 认识丝瓜筋。

◆ 师:小朋友们,你知道生活中有哪些清洗物品的工具?如何使用这些洗涤工具?

◆ 师:今天老师带来了一个神奇的洗涤工具,你认识它吗?先请你把它拿起来仔细看一看。

◆ 师:它是什么样子的?摸上去有什么感觉?

◆ 小结:它是黄色的,摸上去有点粗糙。

◆ 师:放在耳朵边上摇一摇,你听到了什么?

- 师：它叫丝瓜筋，是一种夏天吃的蔬菜变成的。我们先来猜猜这个蔬菜是什么。上搭棚，下搭棚，开黄花，结青龙。
- 师：谜底是丝瓜，丝瓜是什么样子的？
- 小结：夏天的丝瓜是绿色的，等到秋天丝瓜成熟了变成黄色的时候就能摘下来做成丝瓜筋了。

（指导要点：通过谜语导入，激发幼儿的探究兴趣，通过丝瓜与丝瓜筋的对比，引发幼儿思考丝瓜筋的制作过程和尝试使用丝瓜筋进行洗涤的兴趣，为接下来的环节做铺垫。）

2. 尝试制作丝瓜筋。

（1）讨论猜测丝瓜筋的制作方法。

- 师：你们猜一猜，怎么才能把这个成熟的丝瓜变成丝瓜筋？
- 小结：丝瓜筋是一种用自然物制作而成的洗涤工具，它是丝瓜长成熟后，去掉外皮、去掉丝瓜子，洗干净、晒干之后形成的。

（2）根据步骤图动手制作丝瓜筋。

- 师：老师把制作丝瓜筋的方法做成了步骤图，也为大家准备好了成熟的丝瓜，我们一起来制作丝瓜筋吧！
- 师：先慢慢撕掉丝瓜的外皮，因为丝瓜已经成熟且枯萎了，缺少水分的丝瓜，它的皮就像一张纸一样；接着我们把里面的丝瓜子去掉，丝瓜子扁扁的、黑黑的，和西

瓜子很像;最后我们一起把丝瓜洗干净并晒干,丝瓜筋就制作完成啦!

(指导要点:通过动手制作丝瓜筋,幼儿直观地感受丝瓜变成丝瓜筋的过程,获得独立制作的成就感,感受大自然的神奇,初步了解人们的生活与自然环境的密切关系。)

3. 丝瓜筋妙处多。

(1) 用丝瓜筋洗涤物品。

- ◆ 师:现在我们每个人都有一个丝瓜筋,丝瓜筋是一个很有用的洗涤工具,你们认为丝瓜筋适合洗什么?
- ◆ 小结:丝瓜筋是天然的洗涤用品,安全无毒,而且它的丝与丝之间有许多的小孔,吸水后柔软且有韧性,更适合碗筷等厨房用品的清洗。
- ◆ 师:请你们尝试用丝瓜筋来洗一洗碗筷。
- ◆ 师:丝瓜筋的洗涤效果好吗?请大家来分享自己的使用感受。

(2) 神奇的丝瓜筋。

- ◆ 师:丝瓜筋的用处有很多,你们还知道丝瓜筋有哪些用处吗?
- ◆ 小结:丝瓜筋不仅是生活中的洗涤工具,它还具有药用功效等。

(指导要点:拓展丝瓜筋的用处,助推幼儿继续开展丝瓜筋的研究活动。)

- ◆ 总结:丝瓜筋是用丝瓜制作而成的,是一种天然、高效的洗涤工具。

活动延伸

★ 将本次活动制作的丝瓜筋投放在洗涤区,用于开展洗涤活动。

★ 调查生活中丝瓜筋的妙用,欣赏丝瓜筋的妙用,尝试将丝瓜筋用于环境的创设、艺术创作活动中。

★ 继续研究其他可以用于洗涤活动的自然物,如皂角、无患子等,探索它们与洗涤的关联。

活动反思

丝瓜筋是民间常见的天然洗涤工具,我园地处乡镇,大部分幼儿在生活中见过丝瓜筋,也大致了解丝瓜筋的用途。为了让幼儿更直观地掌握丝瓜筋的制作方法,我们为幼儿提供了实际操作的机会,幼儿亲身体验了丝瓜筋的制作过程,丰富了对丝瓜筋的认识。但丝瓜筋在制作过程中需要晒干,因此我们需要根据天气情况来开展活动,我们可以提前准备一些制作好的丝瓜筋供幼儿使用。延伸活动要引导幼儿调查、探索其他可以用于洗涤的自然物,因此,我们需要种植对应的植物。

(姚振涛)

方案15:搓衣板 vs 洗衣棒槌(大班科学)

活动目标

1. 了解搓衣板和洗衣棒槌的作用以及去污原理。
2. 学习运用搓衣板和洗衣棒槌清洗衣物。
3. 对日常生活用品有观察兴趣和探究愿望。

活动准备

1. 物质准备:搓衣板、洗衣棒槌、脏毛巾或脏衣服若干、脸盆、视频资料。
2. 经验准备:幼儿事先了解过搓衣板和洗衣棒槌,知道搓衣板和洗衣棒槌的基本用法。

活动过程

1. 教师导入课题。

(1)提问导入,引出洗涤用品。

◆ 师:小朋友们,你们知道怎么把脏衣服变干净吗?

(指导要点:本环节以提问的方式导入,激发幼儿的学习兴趣。)

◆ 师:想一想,以前没有洗衣机和洗衣粉,人们用什么来清洗衣服呢?

(2)播放视频,了解搓衣板和洗衣棒槌。

◆ 师:小朋友们,你们看到人们是用什么洗衣服的呢?

(3)展示搓衣板和洗衣棒槌。

◆ 师：长方形带许多小阶梯的是搓衣板，长长的棒子叫洗衣棒槌，它们都是我们中国流传已久的洗衣工具！你们想不想自己动手去试一试呢？

（指导要点：教师以提问引出课题，萌发了幼儿的好奇心，充分调动了幼儿的学习兴趣，并以具体形象的看一看、说一说活动，让幼儿初步了解了搓衣板和洗衣棒槌的外形特征，知道它们可以用来洗衣服。）

2. 幼儿尝试操作。

（1）自主分组，挑选实验材料。

◆ 师：今天搓衣板和洗衣棒槌要来比赛了，它们要看看到底谁洗得更干净！支持洗衣棒槌的小朋友请到洗衣棒槌队；认为搓衣板洗得更干净的小朋友请到搓衣板队。各队可以选择你们需要的材料，试试怎样可以使毛巾由脏变干净。

（2）幼儿按小组进行试验，并请其他小组幼儿观摩。

◆ 教师对两队进行采访，请两队的幼儿分享自己的清洗方法。

（3）教师集中指导两种工具的使用方法。

◆ 师：洗衣棒槌用捶打的方式进行局部挤压，不停地把水从毛巾里往外挤，污垢就被带走了，搓衣板则是用揉搓的方式进行局部挤压。

（指导要点：本环节通过实践让幼儿学习巩固搓衣板和洗衣棒槌的具体用法，团队合作有利于幼儿同伴学习和社会性发展,小组观摩能够让幼儿直观地比较两种洗衣用具的异同点。)

(4) 小组检查实验成果。

◆ 洗衣棒槌队:经过捶打,脏毛巾变干净了。

◆ 搓衣板队:经过揉搓,脏毛巾变干净了。

◆ 小结:洗衣棒槌和搓衣板都能使毛巾变干净。

(指导要点:幼儿在操作中感知洗衣棒槌和搓衣板都能让毛巾变干净。教师及时肯定幼儿的结论,使幼儿有成功的体验,为下一次操作活动奠定了基础。同时,在洗毛巾的过程中,因为幼儿的力气太小,不能长时间地捶打、揉搓,所以幼儿轮流操作,这样可以增进团队合作能力。)

3. 观看课件,说一说为什么洗衣棒槌、搓衣板都能把脏的毛巾变成干净的。

(1) 教师播放课件"洗衣棒槌为什么能把脏的变成干净的?"。

◆ 师:请小朋友说说,洗衣棒槌为什么能把脏毛巾变成干净的?

(2) 教师播放课件"搓衣板为什么能把脏的变成干净的?"。

◆ 师:请小朋友说说,搓衣板为什么能把脏毛巾变成干净的?

(3) 小结:古人没有洗衣粉,无法形成泡沫爆炸效果,只能用捶打的方式进行局部挤压,吸了水膨胀起来的纤维,在捶打的时候,水会被急速挤压出来,这样才能让污垢和纤维分离。搓板搓洗也是同样的道理,揉搓跟挤压结合,不停地把水从衣服里往外挤,污垢就被带走了。

(指导要点:通过分段观看课件,并加入谈论和提问环节,可以使幼儿了解衣物或毛巾变干净的原理是因为水和脏的东西会分离,同时也让幼儿知道洗衣棒槌和搓衣板都可以使脏的变成干净的。)

活动延伸

★ 回家后和爸爸妈妈一起找一找、记一记生活中让衣物变干净的方法。

活动反思

在本次活动中,教师利用提问导入,用生活中常见的物品进行实践,吸引幼儿的注意力,激发幼儿的学习兴趣;采取分组合作的形式,引导幼儿自主实验,发展幼儿的动手实践能力和合作能力,增强幼儿的探索技能以及个人自信心。同时,在活动中教师培养幼儿爱干净、爱劳动的生活习惯。幼儿积极思考、乐于探究、自主学习贯穿整个活动。

(朱丽佳)

方案16：小脚丫踩衣乐（小班综合）

活动目标

1. 知道用脚踩衣是洗涤的一种方式，了解所需的洗衣工具和材料。
2. 探究小脚踩衣的技巧，尝试学习两人往相反方向拧干的技能。
3. 体验用脚踩衣以及与同伴合作带来的乐趣。

活动准备

1. 物质准备：大脚盆、水、洗衣液、防水衣、大件脏衣物或小床床单。
2. 经验准备：幼儿知道洗衣服的多种方式，了解洗衣服的大致流程或在家中尝试过洗衣。

活动过程

1. 踩衣准备。

◆ 师：小朋友们，你们知道洗衣服有哪些方法吗？

◆ 师：可以用手洗，也可以用洗衣机洗，今天我们要来换个新花样——用脚踩。

◆ 师：你们知道用脚怎么洗衣服吗？需要注意什么？

（指导要点：教师引导幼儿来说一说用脚踩衣的注意事项，如选用的盆子要结实一点、大一点；要注意脚的清洁；注意所放的衣物数量和水的多少。）

2. 小脚踩衣。

(1) 幼儿自由踩衣。

◆ 师：现在我们分小组来踩衣，这里有水，也有洗衣液，小朋友们可以自己添加水和洗衣液，用自己的方法去踩一踩。

（指导要点：教师给幼儿自我探索的机会，可以用拍照的方式将幼儿的问题记录下来，也可适当给予一些帮助。）

(2) 幼儿交流踩衣技巧。

◆ 师：在踩衣的时候，你们有没有遇到什么问题？是否找到了更好的踩衣方法？

◆ 师：我们一起来看看老师拍的照片，有些小朋友水弄了一地但是衣服还是不干净，有些小朋友弄得全是泡沫，这都是什么原因呢？

（指导要点：教师引导幼儿说一说在踩衣中出现的问题，分享、交流、共同探索，激发幼儿的探究兴趣,提高幼儿解决问题的能力。)

- ◆ 小结:经过刚刚的交流分享,我们知道了在放水和洗衣液的时候要注意适量,不能太多也不能太少,洗衣液太多了都是泡沫洗不干净,水也会溅得满地都是,洗衣液太少了没有泡沫会降低清洁力,而且衣服也浸不湿。在踩衣的力度上也要注意,小脚丫要交替有力地踩。

(3) 幼儿再次尝试踩衣。

- ◆ 师:接下来,我们结合刚刚的经验,再来尝试一次,注意洗衣液和水的用量以及小脚的力度。

- ◆ 小结:从这一次的踩衣结果看,小朋友们都比上一次有经验多了,衣服被我们的小脚踩得真干净!

3. 合作拧干。

- ◆ 师:衣服已经洗干净了,接下来,我们要把它拧干。有些小的衣服可以一个人解决,但是一些比较大的衣服就需要小朋友们合作拧干了。两个人站在两头,两人两手各拿着衣服的一端,然后朝着不同的方向来拧干,就像是在拧麻花一样。

(指导要点:教师可以一边讲解一边请两个幼儿进行演示。)

- ◆ 师:接下来,小朋友们可以和自己组的小朋友一起合作拧干衣服,如果衣服比较重的也可以多请几个小朋友一起帮忙。

(指导要点:教师可以进行总结,帮助幼儿掌握拧干衣服的技巧。)

4. 晾晒衣物。

- ◆ 师:我们将衣服拧干以后,可以把衣服展开,然后把衣服夹起来进行晾晒,如果是较大的物品,如床单,可以在竹子上摊开展平进行晾晒。

活动延伸

★ 本次幼儿所清洗的衣物以轻薄为主,旨在让幼儿探索用脚踩衣的方法,在此基础上,教师可以引导幼儿尝试用脚清洗较大较重的衣物、不同季节的衣物,体验不同厚度、不同材质的衣物所需要的不同技巧。也可以由此引发幼儿进一步探索不同材质所需的不同的洗涤方式,知道有些衣物是必须手洗的,有些是可以借助工具的。

活动反思

"小脚踩衣乐"这一活动蕴含了幼儿多领域的经验和能力的发展,用脚交替踩衣涉及健康领域幼儿的动作是否灵活协调;拧衣服需要大家的分工配合,考验着幼儿社会性的发展和协调能力,双方必须密切配合方能成功;除此之外,活动过程中离不开经验的分享、交流和总结,幼儿将自己成功的秘诀与大家分享,通过口语的方式来进行表达,在表达中增加自信。再者,"小脚踩衣乐"充满了科学探索的乐趣,幼儿根据活动中出现的问题,寻找原因,知道了衣物和水的多少、脚踩的力度会影响衣服的干净程度,也体验到了能够通过脚与衣物的摩擦,将衣物上的脏东西清除这一现象。

在活动过程中,幼儿也会遇到了一些问题,比如:在尝试拧干较重的衣物或吸水性较强的衣物时,常常会缺乏力量而导致衣服拧不干;在合作拧干衣物时,幼儿之间有时也会配合较差或无法配合。针对这些问题,教师都需要及时思考并且做出回应,帮助幼儿在失败的基础上找到原因,从而积累相应的经验。如手部力量的不断增强,可通过吊环一类的体育运动来实现;幼儿之间总会存在个体差异,可以采用强带弱的方式,能力较强的幼儿可以起到导向作用,能力较弱的幼儿在带领之下也会更加投入活动,增强参与的积极性。

(姚晨晨)

方案17:小棒槌敲呀敲(中班综合)

活动目标

1. 认识小棒槌,知道小棒槌可以用来捶打衣服。
2. 掌握使用小棒槌捶打衣服的正确方法。
3. 通过使用小棒槌捶打衣服,体验传统洗衣方式的快乐。

活动准备

1. 物质准备:待洗的衣物、小棒槌若干、防水衣、手套。
2. 经验准备:幼儿有在家尝试洗衣服的经验。

活动过程

1. 教师示范,认识新的"洗衣方法"。

(1) 谈话导入。教师出示衣服,引导思考。

◆ 师:小朋友们,你们有没有洗过衣服?你们是怎么洗的?用了什么洗衣工具?

◆ 师:还有一种你们没有说到过的、"新的"洗衣服的工具。你们想不想看一看?

(2) 出示洗衣用的小棒槌,引导幼儿观察。

◆ 师:小朋友们,你们知道这是什么?我们的洗涤中心还有没有可以当小棒槌用的东西?请你们找一找!

(3) 引导幼儿在洗涤中心寻找小棒槌。

◆ 师:现在你们认识小棒槌了吗?我们一起在洗涤中心寻找小棒槌。

(指导要点:幼儿对小棒槌有初步认识,找到小棒槌后进一步观察,增加对小棒槌的了解,为接下来的猜想做铺垫。)

2. 幼儿自主尝试使用小棒槌,猜想使用方法。

◆ 师:小朋友们都找到了小棒槌,你们知道这个小棒槌是怎么用来洗衣服的吗?

◆ 幼儿猜想使用小棒槌洗衣服的方法。

◆ 师:请大家猜猜小棒槌的使用方法,把你们的猜想告诉我们。

◆ 教师组织幼儿尝试并分享自己的使用方法。

◆ 师:请大家试试用自己猜想的方法洗衣服。你们刚才都用了什么样的方法洗衣服?小棒槌有什么用处?

◆ 小结:在涂抹好肥皂后,用小棒槌轻轻敲打是为了将衣服里的脏东西敲打出来,从而进入水中,有点类似于"搓衣服"这个动作。

(指导要点:在幼儿尝试使用小棒槌时,先请幼儿进行猜测,激发幼儿的探究兴趣,在使用过程中注意安全问题。)

3. 教师示范小棒槌洗衣的正确方法。

◆ 师:小朋友们,你们的方法听上去都很有道理。我们来看看老师是怎么使用小棒槌的。

◆ 教师示范小棒槌洗衣,引导幼儿仔细观察。

◆ 小结:在锤打时不能太过用力,以免将衣物打坏,轻轻敲打。同时要小心动作,以免水盆中的水溅起来。

4. 练习使用小棒槌,体验传统洗衣方式的快乐。

◆ 师:小朋友们,你们觉得这个方法好用吗?能不能将衣服洗干净呢?你们想不想再试一试?

◆ 幼儿再次尝试用小棒槌洗衣服,教师巡回指导。

(指导要点:此环节需要教师更多的关注,以便解决可能出现的问题,如没有肥皂、材料分配不均匀、水溅到地上等,及时提醒幼儿用正确的方法捶打衣服,教师与保育员相互配合,一起帮助幼儿。)

◆ 小结:今天小朋友们认识了洗衣服的好帮手——小棒槌,还学会了使用小棒槌洗衣服,大大提升了洗衣服的效率。在我们的生活中还有很多洗衣服的好帮手,让我们下次再来一起探索。

活动延伸

★ 教师与幼儿一起,将洗好的衣服晾在洗涤中心外面的晾衣架上。

★ 将各小组洗衣服的水进行对比,看捶打衣服是不是真的能将衣服里的脏东西洗出来。

★ 请家长为幼儿丰富更多关于清洗衣物的知识。

活动反思

在活动前,我们请家长配合,让小朋友在家动手尝试洗一洗衣服,了解一下洗衣服的方法。活动过程中,我们先出示小棒槌实物来引起幼儿的兴趣,且能让幼儿得到更直观的观察。用捶打衣服的方法将衣物洗干净是一种比较久远的方法,古时候的人们经常使用,但在现在已经不常见了。小朋友们看完老师的示范后都很好奇,表示想回家尝试。

于是,根据幼儿的好奇心与需要,我们决定让幼儿去洗涤中心亲自尝试一下。但幼儿园并没有足够的专业的洗衣棒槌。我们请幼儿开动脑筋,观察洗衣棒槌,并在洗涤中心找出他们自己认为可以代替洗衣棒槌的工具,开发幼儿的想象力与观察力。大部分的幼儿选择了积木,也有一部分选择了自然材料区的树枝等。

洗完衣服后,幼儿发现洗衣服的水真的会变成灰色,他们都非常的开心。实践能让幼儿体验到动手的快乐,同时也会有成就感,增强幼儿的自信心,满足幼儿的需要。

(戎可清)

方案 18:洗衣机的故事(大班科学)

活动目标

1. 知道洗衣机的发展史,了解洗衣机的基本结构和工作原理。
2. 认识各种各样的洗衣机,尝试使用洗衣机洗衣服。
3. 对身边的发明感兴趣,感受科技的进步和科技给人类生活带来的便利。

活动准备

1. 物质准备:各种各样的洗衣机图片、洗衣机的发展史课件、洗涤中心的洗衣机。
2. 经验准备:幼儿有使用洗衣机的经验。

活动过程

1. 洗衣机的发展史。

(1) 介绍洗衣机。

◆ 师:听听,这是什么声音?你们家里有洗衣机吗?请你来介绍一下家里的洗衣机。

◆ 小结:这是洗衣机运作时的声音,洗衣机是一种洗涤衣物的清洁电器,现在常见的是波轮洗衣机和滚筒洗衣机,它们给人类生活带来了极大的便利。

(2) 认识各种各样的洗衣机。

◆ 师:洗衣机是如何发明的?我们一起来了解洗衣机的发展史。

◆ 小结:随着科技的进步,洗衣机也发生了翻天覆地的变化,从第一台洗衣机到蒸汽洗衣机,再到如今的全自动洗衣机,洗衣机的发明有效解决了人类洗衣服的难题。

(指导要点:从幼儿的生活经验出发,通过介绍洗衣机的发展史,激发幼儿对洗衣机的兴趣,调动其探究欲望。)

2. 洗衣机的秘密。

(1) 洗衣机的基本结构。

◆ 师:你们知道洗衣机是由哪些部分组成的吗?请大家仔细观察。

◆ 小结:不同类型的洗衣机的外形结构不同,洗衣机主要是由进水系统、排水系统、洗涤系统、支撑减震系统及控制电路部分构成的。

(2) 洗衣机的工作原理。

◆ 师:你们已经知道了洗衣机的基本结构,那你们知道洗衣机是如何洗衣服的吗?它的工作原理是什么?

◆ 小结:生活中常见的波轮洗衣机的工作原理是依靠装在洗衣桶底部的波轮正反旋转,带动衣物上下左右不停地翻转,使衣物之间、衣物与桶壁之间在水中进行柔和的摩擦,在洗涤剂的作用下达到去污清洗的效果;滚筒洗衣机的工作原理是利用平衡滚筒旋转时产生的巨大离心力做重复运动,加上洗涤剂和水的共同作用使衣物清洗干净。

3. 尝试使用洗衣机洗衣服。

(1) 选择洗衣机和待洗衣物。

◆ 师:在我们的洗涤中心有两台目前常见的洗衣机,分别是波轮洗衣机和滚筒洗衣机,请大家选择感兴趣的洗衣机,尝试洗衣服。

(2) 分享使用体验和发现,对比两台洗衣机的不同。

◆ 师:大家在使用两台洗衣机洗衣服时分别有什么发现?两台洗衣机有什么不同?

(3) 小结:不同种类的洗衣机各有各的优势与劣势,比如:波轮洗衣机的优势是洗涤力度大,清洁程度比较高,洗涤时间短,劣势是用水量大;滚筒洗衣机的优势是用水量少,对衣物的磨损率低,脱水效果好且功能较多,劣势是洗衣服的时间长、用电量大。

(4) 小结:洗衣机的发明解放了我们的双手,让洗衣服从麻烦的事儿变成了一项快乐的劳动。科技发明正潜移默化地改变着我们的生活方式,还有哪些科技发明给我们带来了便利呢?让我们一起去探索吧。

(指导要点:幼儿对洗衣机的结构和基本原理有了初步的认识,加上了解了洗衣机的发展史后,通过操作洗衣机洗衣服,满足操作需求。)

活动延伸

- ★ 从洗涤剂的投放、进水出水的方式、提高水流的速度等方面持续改良自制的简易洗衣机。
- ★ 寻找身边的科技发明,分享其为人类生活带来的便利,判断其合理性。
- ★ 思考还有哪些发明可以为人类生活提供便利,合作设计图纸,创设"我的发明"区角。

活动反思

《指南》指出:幼儿科学学习的核心是激发探究兴趣,体验探究过程,发展初步的探究能力。为了让幼儿对洗衣机有更为全面、深入的认识,我们不仅提供了洗衣机的发展史,从第一台洗衣机到蒸汽洗衣机,再到全自动洗衣机的详细介绍、说明和图片,还准备了两台目前常见的波轮洗衣机和滚筒洗衣机的实物供幼儿探索。幼儿通过实际操作洗衣机洗衣服,观察发现不同种类洗衣机之间的差别,体验科学发明的有趣,发现其给人类生活带来的乐趣,培养科学探究意识,播下创新、创造的种子。

(姚振涛)

方案 19:洗水杯(小班健康)

活动目标

1. 知道杯子脏了会有细菌,了解及时清洗水杯的重要性。
2. 认识丝瓜筋,尝试用它来清洗自己的水杯。
3. 体验洗水杯带来的乐趣,养成讲卫生的好习惯。

活动准备

1. 物质准备:喝过牛奶的水杯、丝瓜筋、防水衣,6大盆水,6组擦手毛巾。

2. 经验准备：幼儿认识一些生活中常见的洗涤工具和用品；看过保育员老师清洗水杯；有与家人一起清洗水杯的经验。

活动过程

1. 实物导入，了解及时洗水杯的重要性。
- 师：(出示喝过牛奶的水杯)今天，我们洗涤中心的待洗区里有一些水杯。请小朋友们说一说这些水杯什么样，要怎么办。
- 小结：这些水杯看起来很脏，需要及时清洗。因为脏脏的水杯会滋生细菌，危害我们的身体健康，而清洗水杯可以驱走细菌、保护我们的健康。

2. 认识洗涤工具，学习洗水杯的方法。

(1) 认识洗涤工具——丝瓜筋。
- 师：你们见过爸爸妈妈洗水杯吗？他们是用什么工具清洗的？

(指导要点：教师引导幼儿对生活经验进行重构，请2—3名幼儿口述或模仿大人清洗水杯的方法。)

- 小结：原来每个人清洗水杯的方法是不一样的，有人用纱布，有人用清洁刷，也有人用毛巾。
- 师：(出示丝瓜筋)小朋友们认识这是什么吗？它有什么特点？怎么使用呢？

(指导要点：教师鼓励幼儿猜一猜，也请幼儿摸一摸，感受它的质地是软的还是硬的。)

- 师：这是一种天然的洗涤工具，它是由丝瓜经过烘干处理后制作而成的，叫作丝瓜筋。我们通常会用它来洗碗、刷锅、洗水杯等。

(2) 结合儿歌，学习用丝瓜筋洗水杯的方法。
- 请1—2名幼儿尝试用丝瓜筋做洗水杯动作。在示范中教师及时指出需要注意的地方。

- 结合儿歌,教师讲述并正确示范洗水杯的步骤。现在请你认真看一看,老师是怎么洗的?
- 师幼共同边说儿歌边空手进行动作练习。

附:

儿歌《洗水杯》

小水杯,手中拿。

丝瓜筋,放杯中。

杯底刷刷,杯壁刷刷。

杯里、杯外都刷刷。

认真刷,直流汗。

水冲洗,效果佳。

刷得干净,人人把我夸。

(指导要点:把朗朗上口的儿歌编进洗水杯的活动里,不仅能调动幼儿活动的积极性,也能帮助幼儿更快更方便地记住洗水杯的步骤。)

3. 分组操作,进一步掌握清洗水杯的方法。

(1) 今天我们分成6小组进行操作,每一组都有充足的水杯、丝瓜筋,请小朋友们跟随音乐有序选择需要的用品,有序进行清洗。

(2) 提出操作要求:① 穿戴好防水衣,撸起袖管,小心不要弄湿自己的衣服。② 不争不抢,轮流拿所需物品,节约用水等。

(3) 播放音乐,幼儿随乐操作,教师适当地巡回指导。

4. 经验分享,收拾整理。

(1) 洗涤结束,收拾整理洗涤中心。

(2) 请幼儿分享清洗感受、过程或遇到的困难。

（指导要点：教师鼓励幼儿回想洗涤过程，自由讲述自己的感受、发现、遇到的难题等，也可以具体说一说是如何清洗水杯的，帮助幼儿强化洗水杯的步骤。）

活动延伸

★ 利用餐前或餐后休息以及放学离园的时间带着幼儿练习儿歌，帮助他们巩固记忆洗水杯的步骤。

★ 做好家园共育，请家长在家也要鼓励和提醒幼儿清洗自己的水杯。

★ 尝试用丝瓜筋清洗不同的水杯。

活动反思

《指南》强调3—6岁幼儿应具备"良好的生活习惯和基本生活能力"。因此，教师将活动的重点设置在掌握用丝瓜筋清洗水杯的方法上，以提升幼儿的自我服务能力。

在设计"洗水杯"活动时，教师首先以喝过牛奶的脏水杯导入，感知及时清洗水杯的重要性；然后提问水杯脏了该怎么做，如何清洗，以及用什么工具清洗。在这个过程中，各环节环环相扣又层层递进。在学习清洗水杯的环节中，教师先请小朋友自主尝试，在示范过程中指出问题。继而把正确清洗水杯的步骤编成儿歌，既自然又符合幼儿的学习特点。在操作的过程中，按组有序进行。在最后的结束环节中，教师通过表扬幼儿既勤劳又爱干净，激发了幼儿的劳动积极性，并将讲卫生的好习惯延伸到生活中。整个活动氛围轻松，幼儿在学一学、玩一玩、洗一洗中获得了新的洗涤经验。

（袁梦兰）

方案20：洗洗我的小毛巾（中班健康）

活动目标

1. 知道脏毛巾有细菌，明白洗毛巾的重要性。
2. 尝试用肥皂清洗毛巾，并掌握正确的洗毛巾方法。
3. 体验不同方法洗毛巾带来的乐趣，养成讲卫生的好习惯。

活动准备

1. 物质准备：2块毛巾（1块干净的、1块脏的），防水衣、水盆、肥皂等。

2. 经验准备:幼儿认识一些生活中常见的洗涤工具和用品。

活动过程

1. 实物导入,明白清洗毛巾的重要性。
- 师:请小朋友们仔细观察老师手里的两块毛巾,你们喜欢哪一块?为什么?有什么方法可以让脏毛巾也变得干净?(幼儿自由回答问题)
- 小结:小朋友们都喜欢干净的毛巾。因为脏毛巾会滋生细菌,危害到我们的健康。

(指导要点:用两块毛巾的对比进行导入,引发了幼儿的关注和兴趣,同时迁移幼儿已有的生活经验,理解干净、整洁毛巾的意义。)

2. 结合儿歌,学习洗毛巾的方法。
- 师:你们会洗毛巾吗?是怎么洗的?用什么洗涤用品?(引导鼓励幼儿自由表述。)
- 师:现在请你们认真看一看,老师是怎么洗的?(教师边做动作边说自编顺口溜。)

附:

顺口溜《洗毛巾》

袖子袖子卷卷好,水龙头儿忙打开,毛巾湿了不用怕,肥皂宝宝来帮忙。哪里脏了往哪抹,越脏越要用力搓,左右上下齐搓到,最后别忘水来冲,冲得干净拧又拧,太阳底下晒一晒,白白净净香又香。

- 师:我们一起学一学老师洗毛巾的方法。(师幼共同边说边空手进行动作练习。)
3. 操作练习,进一步掌握洗毛巾的方法。
- 师:在洗毛巾的时候还应该注意什么?

(1) 强调注意事项:① 肥皂是有毒的,不能吃到嘴里或者弄到眼睛里。② 肥皂每次用一点点就可以,否则会造成洗涤剂的残留。③ 撸起袖管,小心不要弄湿自己的衣服。④ 洗的时候要拿稳,对着脏的地方用力搓。⑤ 不争不抢,轮流拿所需物品,节约用水等。

(指导要点:任何活动中都要注意安全第一。)

(2) 交代规则要求:今天我们分成6小组进行操作,每一组都有充足的毛巾、肥皂,请小朋友们跟随音乐有序地选择所需要的用品,有序地洗毛巾。

(3) 播放音乐,幼儿第一次操作,教师巡回观察指导,提醒注意事项。

(4) 分享交流,小结清洗毛巾的注意点。

- 师:为什么有的毛巾看上去洗干净了,摸上去还是滑腻腻的?

(指导要点:教师鼓励幼儿大胆猜想,表述自己的想法、操作过程以及遇到的困难和解决的办法，拓展幼儿的思路。）

◆ 小结：泡沫没有冲洗干净，肥皂还残留在毛巾上，所以摸上去是滑腻腻的。知道了这个秘密后我们再来尝试看看吧！

（5）幼儿第二次操作，教师重点引导幼儿冲洗泡沫的方法。

4. 收拾整理，分享洗毛巾的经验。

（1）伴随音乐，教师带领幼儿晾毛巾，结束活动。

（2）请幼儿分享清洗毛巾的感受、过程或遇到的困难。

活动延伸

★ 利用餐后时间带着幼儿练习儿歌，帮助幼儿巩固记忆洗毛巾的步骤。

★ 做好家园共育，请家长在家也要鼓励和提醒孩子清洗自己的小毛巾。

★ 尝试用相同的方法清洗袜子等。

活动反思

陈鹤琴先生说过："凡是儿童自己能做的，应当让他自己做。"这为我们开展洗涤中心活动提供了思路。我们平时比较忽略幼儿的生活经验，事实上，幼儿在生活中每天都在观察、积累，他们渴望学着做力所能及的事情，亲身体验劳动的快乐。一次小小的"洗毛巾"活动，让我们知道幼儿的洗涤经验是如此的丰富，出乎意料。以后是不是可以开展更多类似的洗涤活动以提高他们的生活能力、动手能力、自我服务能力呢？

（袁梦兰）

方案21：给玩具洗澡（中班健康）

活动目标

1. 认识洗涤用品，初步了解洗涤用品的使用方法。
2. 尝试清洗玩具，在实践、操作中培养动手能力。
3. 乐意参与活动，体验洗涤活动的快乐。

活动准备

1. 物质准备：洗涤用品（洗衣粉、肥皂、洗洁精），脏的玩具（积木、塑料玩具等），洗涤工具（刷子、清洁球、塑料盆等），防水衣。
2. 经验准备：幼儿对清洗方面的知识和实际操作有简单的了解。

活动过程

1. 实物导入，引出话题。

◆ 师：待洗区有一些小班弟弟妹妹送过来的玩具，我们来看看这些玩具怎么样了。

◆ 小结：小朋友们都发现了，这些玩具都黑乎乎的，好脏呀！

（指导要点：本环节以实物"脏玩具"导入，鼓励幼儿观察，激发幼儿的探究兴趣，大胆表述自己的发现。）

◆ 师：这些玩具有的沾染了灰尘，有的有污渍，它们都变脏了。如果小朋友们玩了变脏的玩具会怎么样呢？

◆ 小结：玩具变脏了以后会有细菌，如果小朋友玩了脏玩具，就有可能会生病。

◆ 师：我们有什么办法让玩具变干净呢？

（指导要点：教师引导幼儿结合自己的生活经验，说一说自己知道的一些方法，和同伴分享经验，激发幼儿对洗涤活动的兴趣。）

◆ 小结：小朋友们想出用洗衣粉清洗玩具的方法，能把玩具洗干净吗？

2. 认识洗涤用品，了解使用方法。

（1）认识洗涤用品"洗衣粉"。

◆ 师：说一说，你们在哪里看到过它？什么时候会需要用到这个物品呢？将洗衣粉慢慢倒进水里，轻轻搅拌，你们会有什么发现呢？

（指导要点：教师引导幼儿观察洗衣粉在慢慢变少，感知溶解过程，进一步激发幼儿对洗涤活动的兴趣。）

◆ 师：还有什么东西放在水里也可以溶解？（糖、盐、果汁粉……）

◆ 师：糖、盐等这些是可食用的，我们用它们做溶解实验时可以用小嘴巴尝一尝。今天我们用到的洗衣粉是不可食用的，所以是不可以放进嘴巴里的，但我们可以用其他的方式去进行观察和探索。

（指导要点：此环节引导幼儿区分洗衣粉和糖、盐等物品的不同，提醒幼儿要用安全的方式进行探索。引导幼儿尝试运用多感官探索洗衣粉的特征，除了用眼睛看，还可以运用触觉、嗅觉等方法探索洗衣粉的秘密并尝试用自己的语言描述自己的发现。）

（2）认识洗涤用品"肥皂"。

◆ 师：小朋友们一起猜一猜盒子里是什么。请你们闻一闻、摸一摸，感受它的质地是软的还是硬的。

◆ 师：原来是肥皂呀，香香的，硬硬的。请你们将肥皂放入水中，看看肥皂发生了什么变化？它有没有像洗衣粉一样融化或者变成泡泡？

◆ 小结：我们通过观察、比较，初步了解了肥皂与洗衣粉的不同之处。洗衣粉会马上溶化在水里变成泡泡水，肥皂需要搓一搓、抹一抹才会出现泡沫。

（3）认识洗涤用品"洗洁精"。

◆ 师：你们在哪里见过这个东西？它是用来干什么的？

◆ 将洗洁精倒入盆中，请幼儿观察并说一说洗洁精的特点，重点说说它与洗衣粉和肥皂的不同之处。

（指导要点：幼儿认识洗衣粉、肥皂、洗洁精三种常见的洗涤用品，通过看一看、闻一闻、摸一摸等方式，知道它们的特点以及不同之处，了解不同洗涤用品的使用方法，激发对洗涤用品更进一步的探索欲望。）

3. 尝试用洗涤用品清洗玩具。

◆ 师：刚才我们一起认识了洗衣粉、肥皂、洗洁精三种洗涤用品，接下来我们就要比一比哪一组玩具洗得最干净。小朋友们要注意戴好手套，选择喜欢的工具和洗涤用品，洗的时候注意不要把洗衣粉、肥皂、洗洁精弄到眼睛里，也不要弄湿自己的衣服！

（1）准备好玩具、三种洗涤用品、一筐洗涤工具（刷子、清洁球等）。

（2）幼儿自由分为四组选择要清洗的玩具、洗涤用品和洗涤工具。

（3）教师巡回指导。

（指导要点：教师引导幼儿探索洗衣粉、肥皂、洗洁精的使用方法，如：肥皂擦在哪里更合适？怎样才能洗得更干净？鼓励幼儿探索多种方法清洗凹处的脏东西。）

4. 分享经验。

◆ 师:请小朋友们来分享一下自己的洗涤过程。

(指导要点:结合洗好的玩具,教师鼓励幼儿回想洗涤过程,大胆表述自己的发现。具体说一说洗了哪些玩具,用了什么洗涤用品,使用哪个工具来帮忙的,具体是如何清洗的。)

◆ 师:大家在洗的过程中有没有遇到什么困难呢?你最后是怎么解决的?

(指导要点:教师引导幼儿具体说一说凹进去的地方是怎么洗的,为什么有的积木还是滑腻腻的。)

◆ 小结:洗衣粉、肥皂、洗洁精这些洗涤用品可以更好地帮助我们将玩具清洗干净,当我们遇到难清洗的地方,也可以使用工具,比如刷子等可以清洗凹进去的地方。在使用这些洗涤用品的时候我们要注意多用水冲洗,将残留物冲干净,这样玩具就不会滑腻腻的了。

(指导要点:幼儿尝试用不同的洗涤用品清洗玩具,在清洗的过程中更进一步地感受到洗涤用品的一些特性和变化,幼儿通过直接操作,亲身体验洗涤用品在清洗过程中发挥的作用。)

活动延伸

★ 幼儿在本次洗涤活动中积累了一定的经验,教师鼓励幼儿继续搜集其他不同的洗涤用品和工具,尝试清洗自己的玩具或衣物,进一步丰富洗涤经验,并提升自我服务的意识和能力。

活动反思

幼儿对清洗是有一点简单的了解的,我们从日常谈话中可以看出他们知道玩具能用水清洗,洗了以后玩具会变得干净。对于洗衣粉、肥皂这些常见洗涤物品的认识,多数幼儿仅限于知道名称,个别幼儿看到过家长使用,但也并不能具体说出使用方法。在活动中,当我们将洗衣粉进行搅拌溶解,幼儿看到洗衣粉的变化后,一下子就调动起了兴趣,积极动手,主动探究洗涤用品的特点和使用方法。幼儿通过直接感知和实际操作对洗涤活动有了更深一步的认识,并且能够用自己的语言完整地表述整个清洗过程,包括用了哪些洗涤用品,是否使用了工具,是如何将玩具清洗干净的。

(戴金娟)

方案22:洗袜子(中班综合)

活动目标

1. 知道用要正确的方式清洗袜子,知道清洗袜子的重点部位。
2. 学会洗袜子的正确方法,具有初步的动手和生活自理能力。
3. 愿意参与洗涤活动,体验洗涤的快乐。

活动准备

1. 物质准备:脏袜子、肥皂、脸盆若干。
2. 经验准备:幼儿在家有过清洗物品的经验;前期调查过清洗袜子的方法。

活动过程

1. 谜语导入,引起幼儿兴趣。

(1) 猜谜语。

◆ 师:听说小朋友们都很喜欢动脑筋,今天老师准备了一个谜语,请你们仔细听,猜猜我说的是什么。两只小口袋,进出不分开,要想买一只,那可没得卖。(打一生活用品)

(2) 谈话。

◆ 师:小朋友们在家会帮助爸爸妈妈做一些力所能及的事情吗?大家都做过哪些事情?

◆ 师:刚刚大家猜出了我们的谜底是袜子,在我们的待洗区里有好多脏袜子,小朋友有没有清洗过袜子? 是怎么清洗的呢?

(指导要点:通过猜谜语以及谈话引出今天的主题"洗袜子",谈话时可能有些幼儿已经有清洗物品的经验,初步谈谈清洗物品所需要的工具以及简单的清洗方法。本环节的关键经验就是让幼儿初步了解清洗袜子的方法以及对今天的活动有兴趣,能激发幼儿参与的积极性。)

2. 了解洗袜子的步骤。

(1) 出示一双袜子。

◆ 师:小朋友们看看,老师这里有一双袜子,我们一起来用小眼睛看看袜子哪个地方最脏。

◆ 师:小朋友们的小眼睛真厉害,一下子就找出了袜子最脏的地方,那这些脏的地方怎么办?

◆ 师:袜子我们每天都要换洗,不然会怎样?

◆ 小结:通过观察和讨论我们知道了袜头和袜跟是袜子最脏的地方,如果我们的袜子没有每天换洗,就会很臭很脏,还会有很多的细菌。

(2) 清洗袜子的工具。

◆ 师:我们现在知道了袜子需要每天更换、每天清洗,那我们洗袜子会用到哪些工具?

(指导要点:根据幼儿的回答,教师一一出示相应的图片。)

(3) 清洗袜子的方法。

◆ 师:清洗袜子的第一步是什么?

◆ 师:袜子浸湿之后我们需要做什么?

◆ 师:袜子清洗好后需要做什么?

◆ 小结:清洗袜子的第一步就是先把脏袜子放在盆里,用水浸湿。把袜子浸湿之后,我们需要在袜子脏的地方涂抹上肥皂开始进行清洗,用小手来回地揉搓。袜子清洗干净后,需要用清水把袜子上的肥皂泡洗干净,最后把袜子晾晒好。

(指导要点:本环节能够让幼儿清楚地了解清洗袜子所需要的工具以及清洗袜子的方法,教师在讲解清洗方法时需要考虑到幼儿的年龄特征以及幼儿的手部活动力量,提醒幼儿在使用清洁用品时小心一点,避免幼儿误弄进嘴里和眼里。本环节的关键经验就是能够让幼儿深入地、清晰地了解洗袜子的方法以及洗袜子的重点部位。)

3. 幼儿尝试洗袜子。

(1) 幼儿每人一双袜子、一只脸盆,学习洗袜子。

(2) 教师进行指导。

(3) 组织幼儿将清洗的袜子进行晾晒,然后进行讲评,让幼儿仔细观察,说一说哪双袜子清洗得最干净。

（指导要点：幼儿在认识了清洗袜子的工具以及清洗袜子的方法后，对洗袜子有了浓厚的兴趣，本环节就围绕幼儿的兴趣，让幼儿通过亲身体验、实际操作感受到清洗袜子的乐趣。）

（4）小结：小朋友们，今天我们知道了清洗袜子需要的工具，知道了清洗袜子的方法，还亲自动手把袜子洗干净了。接下来，我们可以用洗袜子的方法去清洗一些其他的物品哦！

活动延伸

★ 在生活区投放相应的材料，供幼儿区域游戏时进一步操作。

★ 在区域中投放更多的清洁工具图片及介绍，拓宽幼儿的知识面。

★ 家园合作，请家长在家为幼儿提供一些清洁工具，让幼儿在家也能实践操作。

活动反思

通过此次活动，幼儿初步了解了清洗袜子的重点部位，也能很清楚地说出清洗袜子的步骤。但是不足的地方是有些幼儿在清洗袜子时手部力量不够，以至于不能很好地清洗袜子。接下来我们会有针对性地锻炼幼儿的手部力量。在此次活动中，活动步骤不是特别的细致，分析过程中忽略了本班幼儿的年龄性格方面的特点，没有讲清楚在洗袜子的过程中应该涂抹多少肥皂或洗衣液才是最合适的，只告诉他们把肥皂或洗衣液涂抹在袜子脏的地方，才能把袜子清洗干净，以至于在操作时出现了大量涂抹肥皂或洗衣液的情况。在后期的实践操作中，我们会将涂抹肥皂的量作为重点给小朋友讲解清楚。

（漆晓欣）

方案23：我的白T恤自己洗（大班综合）

活动目标

1. 认识84消毒剂，知道它可以漂白衣物、消除白色衣服上的颜色。
2. 学会正确使用漂白剂清洗衣物。
3. 培养幼儿的动手能力和生活实践能力，从小养成爱劳动的习惯。

活动准备

1. 物质准备：带有颜色的白色脏衣服、漂白剂及其他洗涤用品、洗衣小手套、脸盆等。
2. 经验准备：幼儿已有多次清洗衣物的经验，并已认识多种洗涤用品和工具。

活动过程

1. 谈话导入。

◆ 师：小朋友们，我们已经在洗涤中心学会了洗衣服，还记得上一次你们用什么洗涤用品把脏衣服洗干净的吗？

◆ 小结：看来我们都是洗衣小能手，还会挑选合适的洗涤用品来清洗脏衣服。

◆ 师：你们看，待洗区里又收到了其他班级小朋友送来的一些脏衣服，你们能帮他们洗干净吗？

2. 幼儿尝试第一次清洗衣服。

(1) 仔细看看这些白色衣服上有什么。（画笔颜色）

◆ 师：你们认为哪些洗涤用品能把它们清洗干净，去挑选这些洗涤用品试一试，看看能否把这些颜色去除。

◆ 师：清洗的时候不要弄湿自己的袖子和衣服，有颜色的地方小手还可以用力搓一搓。

(2) 观察污渍有没有洗干净。

◆ 师：咦，白色衣服上的颜色洗掉了吗？为什么洗衣液和洗衣皂都洗不干净呢？

◆ 师：你们有什么办法去除这些衣服上的污渍呢？

3. 认识84消毒液。

◆ 师：今天老师带来了一瓶神奇的液体，你们认识它吗？它是什么颜色的？你能闻到什么味道？

◆ 小结：它的名字叫84消毒液，看上去是淡黄色液体，闻一闻还有一些刺鼻的味道。它除了能进行消毒还能快速去除白色衣服上的颜色，是一种漂白剂，有较强的腐蚀性和刺激性。

◆ 师：你们知道84消毒液使用时应注意什么吗？

◆ 教师介绍84消毒液的正确使用方法：因为84消毒液的腐蚀性和刺激性很强，所以我们不能直接倒在衣服上，而是要先用温水按比例混合一下，如果倒一小瓶盖的消毒液，那么还要再加入29瓶盖的水一起混合，然后加入衣物浸泡10分钟，接下来和平时洗衣服流程一样，最后漂干净就可以了。还有一点要注意，84消毒液对人的皮肤和黏膜有较大的刺激，没戴手套直接接触原液会让皮肤有轻微的疼痛感，所以小朋友们在使用的时候要特别注意，一定要戴好手套。

3. 幼儿尝试使用84消毒液，清洗白T恤上的画笔颜色。

◆ 重点步骤总结：挽袖子、戴手套—1∶29稀释—泡衣服—洗衣液—搓衣服—拧衣服—晒衣服。

（指导要点：幼儿先戴手套保护好自己的小手，提醒幼儿按照比例在盆里放入适量的84消毒液和水，混合均匀后，把衣服放进去浸泡10分钟。）

◆ 师：小朋友们，你们学会了如何用84消毒液洗衣服了吗？现在我们尝试用84消毒液把洗涤中心的白T恤都洗干净吧！（教师巡回指导，提醒幼儿注意安全）

4. 说一说、比一比谁的白 T 恤最干净。
- ◆ 师：你们去除白 T 恤上的颜色了吗？
- ◆ 师：当白 T 恤放入调配好的 84 消毒液中，你们有什么发现？（颜色慢慢地在褪色）
- ◆ 小结：今天我们认识了一种新的衣物洗涤剂——漂白剂（84 消毒液），它可以清除污渍、漂白衣物和消毒，它真是生活中的洗涤能手。

活动延伸

★ 请幼儿调查一下还有哪些漂白剂，怎么使用。
★ 引导幼儿在洗涤中心尝试运用 84 消毒液清洗其他污渍。

活动反思

整个活动都遵循幼儿的学习规律和年龄特点，始终以幼儿为主体，让幼儿在游戏中学会生活技能，同时培养幼儿的动手能力和生活实践能力，从小养成爱劳动的习惯。本次活动既能体现幼儿生活技能的培养，又让感恩之心进一步增强。"做中学"使幼儿潜移默化地学会本领，并得到快乐愉悦的心情，满足该年龄段幼儿的好奇、好学之心。在公用活动室可根据不同年龄段开展此活动：对于小班幼儿，我们可以减少目标要求，增加活动的趣味性及童趣化，提高孩子的学习兴趣；对于大班的幼儿，我们可以提升难度，如衣服在洗衣机里是如何清洗的，观察洗衣机是怎么清洗衣服的，在清洗的时候需要注意哪些步骤等。这也是对不同领域及年龄段幼儿的提升，使进入公用活动室的幼儿都能动手操作实际去体会劳作的乐趣，从不会不懂到学会这项本领，回家后还能帮助家人一起做自己能做的事，收获成就感。

（黄云燕）

方案24：刷刷我的运动鞋（大班健康）

活动目标

1. 知道运动鞋脏了会滋生细菌，刷鞋能够除去鞋上的细菌和污垢。
2. 掌握清洗运动鞋的方法，学会自己刷运动鞋。
3. 树立自我服务意识，养成讲卫生、爱劳动的好习惯。

活动准备

1. 物质准备：待洗区的脏运动鞋、洗衣盆、刷子、洗衣粉、晾鞋架等。
2. 经验准备：幼儿有过清洗物品的经验。

活动过程

1. 问题导入，引发兴趣。

◆ 师：小朋友们，洗涤中心的待洗区里来了许多运动鞋，说说你们看到了什么，闻到了什么。

◆ 师：这些运动鞋脏脏的、臭臭的，怎么办？

◆ 师：你们知道为什么要清洗这些脏鞋子吗？怎么清洗呢？

（指导要点：教师引导幼儿说说脏鞋会滋生细菌，清洗鞋子可以除去细菌、保护我们的健康。）

2. 学习清洗运动鞋的方法。

◆ 师：老师和我们小朋友一样很爱干净，爱劳动。让我们一起来看看老师是怎么把运动鞋清洗干净的，做了哪些事情，用到了什么工具和材料。

（指导要点：教师边示范边引导幼儿仔细观看，直观地了解清洗运动鞋用到的工具和步骤，并能在集体面前大胆分享。）

◆ 小结：原来老师使用了刷子，还放了洗衣粉来清洗运动鞋。第一步：在盆里倒入清水；第二步：每只鞋子舀一勺洗衣粉，以免造成浪费，搅拌均匀后把鞋子放进去，等待几分钟；第三步：用刷子轻轻刷，脏的地方要刷仔细；第四步：洗好了用清水冲干净，直到没有泡沫为止。

（指导要点：教师帮助幼儿总结清洗运动鞋的步骤、经验等，为下一个操作环节做好经验的铺垫。）

3. 幼儿操作,清洗运动鞋。

(1) 操作前强调注意事项:① 洗衣粉是有毒的,不能吃到嘴里或者弄到眼睛里;② 撸起袖管,小心不要弄湿自己的衣服;③ 不争不抢,轮流拿所需物品,节约用水等。

(2) 幼儿自主清洗运动鞋,教师巡回观察、指导并提醒注意事项。

(指导要点:强调活动中安全第一,教师注重个别指导。)

4. 评价、提升。

◆ 师:哪双运动鞋鞋刷得最干净?你是怎么做的?
◆ 师:在刷洗运动鞋的过程中,你遇到了什么困难?
◆ 师:清洗结束后,我们把运动鞋拿到太阳下去晾晒吧。

活动延伸

★ 鼓励幼儿在洗涤中心或家庭中运用多种工具尝试清洗其他鞋子,进一步延续清洗活动带来的乐趣,同时做到家园合一,逐步培养幼儿爱干净、爱劳动的好习惯和自理能力。
★ 鞋子的晾晒不同于衣服的晾晒,可进一步帮助幼儿拓展鞋子晾晒的方法和经验。

活动反思

活动中,幼儿乐于参与,尤其是在学习运动鞋的清洁方法时,认真观看视频,积极回答问题。《指南》提出:"幼儿科学学习的核心是激发探究兴趣,体验探究过程,发展初步的探究能力。"因此,在活动中提问、观察、说一说等形式能有效激发幼儿的好奇心。处于此阶段的幼儿的思维以具体形象思维为主,本次活动为幼儿提供了丰富的材料,有实物,有视频,满足了幼儿多形式的探索,他们能在直接感知、亲身体验中认识到鞋子脏了需要及时清洗,进而学习运动鞋的清洁方法。

(袁梦兰)

方案25：番薯来洗澡（中班科学）

活动目标

1. 认识常见的清洗工具，知道番薯要洗干净才能吃。
2. 鼓励幼儿运用多种工具探索清洗番薯，并大胆表达自己的发现。
3. 初步感受动手劳作的意义和快乐，养成爱劳动的习惯。

活动准备

1. 物质准备：番薯若干、海绵、抹布、板刷、铁丝刷、牙刷、脸盆、1张大的实验记录单。
2. 经验准备：幼儿对洗涤中心的洗涤工具、使用方法有一定的了解。

活动过程

1. 番薯大丰收。

◆ 师：洗涤中心的待洗区来了许多的植物宝宝，让我们去看看它们是谁。

◆ 师：原来这些是番薯呀！小朋友们，这些番薯我们可以直接吃吗？为什么？

◆ 师：这些番薯身上都是泥土，需要小朋友们帮忙洗干净才能吃。生活中，还有哪些食物也需要清洗完泥土才能吃？

2. 清洗番薯初体验。

◆ 师：你的小手能把它们洗干净吗？请你来试一试！

◆ 师：番薯洗干净了吗？你遇到了什么困难？哪些地方最难洗？

◆ 小结：像番薯这样带泥的植物不是直接用手就容易清洗干净的，你看见过爸爸妈妈们是怎么洗的？还用到了什么工具？

3. 尝试运用工具清洗番薯。

◆ 师:我们的洗涤中心也有许多清洗的小工具,大家看看有什么工具?你会使用它吗?

◆ 师:你觉得这些工具中谁能又快又好地把番薯洗干净?为什么?

◆ 师:现在,小朋友可以选择表格中的工具去试着把番薯清洗干净,请在最好用的工具下贴上贴纸。

清洗番薯小能手实验记录单

工具					
清洗效果					

4. 我们的发现。

◆ 师:大家一起来看看实验记录单,你发现哪个工具是清洗番薯小能手?

(指导要点:学习看实验记录单,教师引导幼儿结合"清洗番薯小能手实验记录单",进行观察对比并表达实验结果。)

◆ 小结:我们发现刷子能快快地把番薯洗干净,为什么?

(指导要点:教师引发幼儿观察刷子的外形特征。)

5. 评价。

◆ 师:小朋友们都清洗得很认真,番薯宝宝比之前干净多了,我们把它们拿到外面去晒一晒吧。

活动延伸

★ 在幼儿已经基本掌握清洗工具的特点和使用方法后,让幼儿尝试清洗其他种植地收获的蔬菜和水果。

★ 开展家庭蔬果的清洗,体验劳动的乐趣,提升幼儿动手能力。

活动反思

《指南》中提出,"幼儿的学习是以直接经验为基础,在游戏和日常生活中进行的。要珍视游戏和生活的独特价值,创设丰富的教育环境,合理安排一日生活,最大限度地支持和满足幼儿通过直接感知、实际操作和亲身体验获取经验的需要"。基于这样的理念,充分挖掘番薯这一教育资源,我们从幼儿的兴趣入手,根据中班幼儿的年龄特点,以番薯为切入口,激发幼儿对番薯的好奇心和探究欲望。通过单独洗—合作洗的过程,教师和幼儿一起发现并分享有关清洗番薯的情况,一起寻找问题的答案,通过拍照和记录表等方式保留和积累有用的探索与发现。在教师的支持、帮助和引导下,幼儿逐渐学会解决问题的方法,并在不断的探索和尝试中,发现每种工具都有自己独特的地方,发现工具合作的意义,初步感知到了合作的力量。

(计方翔)

方案 26:神奇的洗洁精(中班科学)

活动目标

1. 了解洗洁精的基本用处,知道洗洁精的基本原理。
2. 细致观察水的表面张力现象,并能通过实验研究水的表面张力。
3. 培养细致观察、大胆预测、认真实验科学的习惯,体验大自然的奥秘,进一步热爱科学探究活动。

活动准备

1. 物质准备:洗洁精、一盘胡椒粉、牙签、油碗、水、材质不同的纸片、透明杯和搅拌棒。
2. 经验准备:幼儿在家观察过家长洗碗,知道洗碗需要用洗洁精。

活动过程

1. 谈话导入。

(1) 通过图片引出洗洁精,讨论洗洁精的用处。

◆ 洗洁精是用来干什么的呢?

◆ 洗洁精为什么能洗掉油污呢?

(2) 师:我们今天就一起来探索洗洁精的奥秘吧!亲自来试一试它的本领!

2. 初步探索洗洁精,教师示范实验。

(1) 教师出示一个用过的油碗,用洗洁精来清洗,让幼儿观察油脂的变化。

(2) 分组实验,每组幼儿亲手来实验洗碗的过程。

(指导要点:① 用水时,要小心不要弄湿衣服;② 在操作过程中,教师引导幼儿观察油脂和洗洁精发生的变化。)

(3) 小结。

◆ 师:油脂不溶于水,所以用水是洗不掉的;洗洁精可以和油脂发生化学反应,使油脂溶解,溶解后的物质可溶于水,所以用洗洁精洗餐具后再用水冲洗,就会很干净啦!生活中有很多的物质都不溶于水,但可以用其他物质来溶解,比如醋等。

3. 进一步探索洗洁精的神奇之处,了解水的张力。

(1) 教师讲解实验步骤让幼儿操作。

◆ 师:我们的生活中存在着很多化学反应现象,下面我们就用洗洁精来做一个小实验!

步骤1:先在盘子中倒入水,把胡椒粉撒在上面。

步骤2:先让幼儿用干净的手指触碰水面,观察到水面没有任何变化。

步骤3:用沾了洗洁精的手指触碰盘子水面,观察水面的变化,只要手指点过的地方胡椒粉都跑开了。

步骤4:把盘子里的胡椒粉水倒掉,洗干净,装入清水,把牙签放入清水中,然后摆成一个三角形的样子。

步骤5:用沾了洗洁精的手指点在水面上,我们可以观察到牙签漂浮起来了。

(2)讨论:为什么胡椒粉会跑开?为什么牙签会漂浮起来?

(3)小结。

◆ 实验原理:洗洁精表面有活性剂,这个活性剂可以改变水的张力。

4. 提供材料,幼儿分组自主实验,探索水的张力。

(1)幼儿运用已有的材料,试一试不同的材料在洗洁精的作用下有什么不同的反应。

◆ 师:向两个透明杯中各倒入适量的水,往其中一杯中倒进少量洗洁精,用搅拌棒搅拌均匀。

◆ 师:将两个同等大小的纸团,分别扔进两杯水里,现在我们来仔细观察,它们会发生什么反应?

◆ 师:放入卡纸,出现了什么情况?

◆ 师:换成瓦楞纸,静置一段时间后,又发生了什么呢?

(2)小结:实验后发现在水杯中加入洗洁精后,纸张会更快下沉。普通的纸,密度比水小,所以受到水的浮力影响浮在水面。当纸张吸收水分后,密度变大,则会下沉。而我们在水杯中加入洗洁精后,纸片更快下沉是因为洗洁精破坏了水的表面张力结构,使得纸片更容易吸收水分,从而更快地下沉。

5. 教师总结,结束活动。

◆ 师:通过一系列的实验,我们发现了洗洁精可以溶解油脂,还可以改变水的张力,它真是一个神奇的东西。我们身边还有很多东西可以去研究,比如其他的清洗剂,我们下次再一起来做实验!

活动延伸

★ 找一找家里还有哪些洗涤用品能洗掉油脂。

★ 上网搜索或和爸爸妈妈一起探索还能用洗洁精做什么实验,记录下来与同伴分享。

活动反思

化学变化是非常有趣的实验,神奇的实验现象很容易吸引幼儿的注意力,激发他们的兴趣。在第一个环节中,幼儿观察洗洁精可以去油污这一现象,可以直接操作,不需要教师操作示范。因为他们在家里已经观看过这个过程,亲自操作能让幼儿直观感受洗洁精的功效,更好地满足幼儿的好奇心。

在分组操作胡椒粉和牙签的环节中,有些幼儿可能手上沾的洗洁精不够多,会影响实验结果,教师应该提供一次性手套,保护幼儿小手,在实验前,还需提醒幼儿一些注意事项。最后一个环节试验不同材料,教师还可以提供更丰富的材料,如雪花片、积木等,看看除了纸张,其他材质会不会对洗洁精改变水的张力产生影响。

幼儿是学习的主体,教师只是引导者、组织者。在师幼互动时,如果有幼儿回答不出来,教师不能一着急就直接告诉幼儿答案,而是应该冷静地去引导幼儿思考问题。如果幼儿实验不成功,教师不能立即就做给幼儿看,而是应该组织幼儿去分析问题出在哪儿。对幼儿的探究活动,教师更要舍得花大量的时间,让幼儿多动眼"看一看",多动脑"想一想",多动口"说一说",多动手"做一做",充分发挥幼儿的主体作用,开发幼儿的情感潜能、思维潜能、操作潜能,激发幼儿创新的火花。"体验"是每个幼儿成长过程必需的,幼儿只有在参与中去深刻体验成功、体验挫折、体验合作、体验质疑、体验挑战,才能健康成长。只要给幼儿充分的时间和条件,即使探究过程很漫长,对幼儿也具有重要的教育价值。

(陆雷云)

方案27:碱水洗碗真干净(中班科学)

活动目标

1. 了解生活中能去除油污的多种洗涤用品。
2. 尝试用食用碱水来清洗油污,发现食用碱去油污的作用。

3. 体验洗涤成功带来的快乐。

活动准备

1. 物质准备：午餐后的碗(有油渍)若干、食用碱、食用碱水、洗碗布、小手套、水、搅拌棒等。

2. 经验准备：幼儿已有洗碗的经验。

活动过程

1. 认识碱水。

◆ 师：小朋友们，你们洗过碗吗？是用什么洗的呢？

◆ 师：原来我们小朋友都洗过碗，还用到了洗洁精、洗碗粉。今天老师给你们带来了一种神奇的用来洗碗的水——碱水，请你们看一看它是什么样子的。

◆ 小结：这个碱水是浑浊的白色的液体，是由一种食用碱加入水里后变成的，有去除油污的作用。

(指导要点：请幼儿观察碱水，说一说自己的发现，初步感知碱水是什么样子的。)

2. 学习使用碱水洗碗。

◆ 师：小朋友们，洗涤王国的小精灵听说食用碱是洗碗的好宝贝，它迫不及待地想要用食用碱洗碗呢？让我们一起来瞧一瞧他是怎么用食用碱洗碗的吧。(播放视频：小精灵用食用碱水洗碗)

◆ 师：视频看完了，小精灵有几个问题想要问我们小朋友：

① 小朋友们，我是用什么洗碗的？它是什么颜色的？

② 小朋友们，我在洗碗的时候用了什么工具呢？

③ 我是怎么用食用碱水洗碗的呢？

（指导要点：通过播放视频，帮助幼儿了解如何用食用碱水洗碗。通过提问，加强巩固新学到的知识。）

- 小结：食用碱水可真厉害啊，洗涤王国的小精灵把碗洗得亮晶晶的。瞧！小精灵还戴着手套洗碗，这样可以保护我们的小手。

3. 尝试使用食用碱水洗碗。

（1）说一说。

- 师：食用碱水是不是真的那么神奇呢？
- 师：如果你们想知道真相，那就让我们和洗涤王国的小精灵一起来用食用碱水洗碗吧！洗碗的时候我们要注意些什么呢？
- 小结：在洗碗的时候我们要戴上小手套，保护好自己的小手。水尽量不要洒，用洗碗布进行清洗，把碗上的油污清洗干净后请小朋友们把碗擦干放在碗架上。

（指导要点：幼儿在实践前再次回忆巩固洗碗的注意点，做到有序实践并保护好自己。）

（2）试一试。

① 幼儿尝试洗碗，教师巡回指导。
② 幼儿说一说自己的碗洗得是否干净。
③ 幼儿说一说在洗涤过程中遇到了哪些问题。
④ 幼儿共同寻找解决问题的方法。

- 小结：食用碱水果然非常厉害，可以把我们的小碗洗得亮晶晶的。我们小朋友也发现了在洗碗的时候要拿紧小碗，还可以慢慢转动小碗来清洗。

（指导要点：幼儿尝试洗碗能进一步理解洗碗流程，及时发现问题，并做出相应的改进。教师主要关注幼儿的安全情况，碱水易伤手，浓度不宜过高，以及纠正一些洗碗问题。）

（3）比一比。

- 师：小朋友们，我们都知道如何洗碗了，接下来让我们用食用碱水进行一次洗碗比赛吧！比一比每一组哪位小朋友洗得又快又干净。
- 幼儿进行组内洗碗比赛，教师巡回指导。

（指导要点：本环节以比赛的形式进行，在比赛中激发幼儿的兴趣，并进一步掌握洗碗的技巧方法，感受食用碱水去油污的强能力。）

4. 评价小结。

◆ 师:每一组谁把小碗洗得又快又干净?请你分享一下自己用食用碱水洗碗的好办法。

(指导要点:请每组洗得又快又干净的小朋友进行方法展示、经验分享,巩固提升幼儿的经验。)

◆ 小结:洗碗的时候不能为了快洗得马马虎虎的。当我们洗干净小碗以后,请记得把桌面整理干净哦。

活动延伸

★ 在幼儿理解并掌握了运用食用碱水洗碗的基础上,可以启发幼儿用冷热不同温度的碱水来洗碗,看看哪个去污能力更强。进一步激发幼儿的探究意识与能力,使他们在亲身实践中习得更多的科学知识。

活动反思

《指南》提出,"幼儿的科学学习是在探究具体事物和解决实际问题中,尝试发现事物间的异同和联系的过程"。我们立足于幼儿身边的小事、日常事——洗碗开展本次活动,探究的对象为"食用碱水"这一日常可获得的具体事物。对于这样的日常事物,我们可引导幼儿去发现其中的奥妙,探索"食用碱水"这一"神奇液体"的去油污能力。

本次活动为幼儿提供适宜的工具,让幼儿能够在能力范围内进行相应的实验,满足幼儿探索需要,让他们能在直接感知、亲身体验和实际操作中清楚认知到"使用食用碱水是可以去油污的"这一现象。比赛的形式也进一步增强了活动的趣味性。

(樊韵清)

方案28：厉害的食品洗涤剂（小班科学）

活动目标

1. 了解常见的食品洗涤剂，知道要保护环境。
2. 能够动手操作并观察食品洗涤剂实验。
3. 感受亲自动手实验的乐趣，愿意与同伴分享实验过程和结果。

活动准备

1. 物质准备：PPT课件，白醋、可乐、茶叶水、小苏打、碗、有水垢的茶壶、有污渍的水杯、抹布若干。
2. 经验准备：幼儿在家中尝试过洗碗、洗衣服。

活动过程

1. 情境导入。

◆ 师：小朋友们，今天我们要去一个地方做客，快跟老师一起来吧！（教师带领幼儿愉快地走入活动室，并找座位坐下）

◆ （播放森林图片）小朋友们快看，我们来到哪里了？（森林里）森林里住着谁呢？（大象、狮子、老虎、熊、猴子等动物）

◆ （播放课件中森林里的动物们）动物们住在美丽的大森林里，这里就是它们的家。可是动物王国的动物们最近不太开心，它们遇到了一点点小麻烦。（播放PPT课件中森林里的河水脏脏的、水草很多的画面）

◆ 师：谁来猜一猜，动物们为什么不开心？（河水太脏了，水草太多了，动物们不能喝水了）

◆ 小结：森林里的河水太脏了，水草也很多，动物们无法喝水了。

（指导要点：教师通过设置森林这个情境导入活动，能够更快地吸引幼儿的注意力，尤其是小班幼儿，对动物非常感兴趣，动物们不开心了，我们来帮帮它们，这样的一种情境能够激发幼儿的同理心，使他们更加投入后续的活动。）

2. 讨论。

◆ 师：小河为什么会变成这样呢？经过调查，狮子国王找到了原因，动物们洗衣服、洗碗时使用的洗涤剂太多了，导致小河里水草猛长，变得脏脏的。

◆师:小朋友们知道我们平时使用的是哪些洗涤剂吗?(洗洁精、洗衣粉、洗衣液等)我们平时洗碗会使用洗洁精,洗衣服会使用洗衣粉、洗衣液、肥皂等,但是这些洗涤用品大多含有化学成分,会污染环境,可是若不使用这些洗涤剂,动物洗碗、洗衣服该怎么办呢?大家都有些发愁了。

(指导要点:通过动物王国的"小河变脏"事件,引发幼儿思考,知道化学洗涤剂的危害,学会保护环境。)

◆师:这时,森林里最聪明的动物大象老师想出了办法:"我们可以使用食品洗涤剂!"动物们都疑惑了,什么是食品洗涤剂呀?

◆教师拿出事先准备好的白醋、可乐、茶叶水和小苏打,并请小朋友们闻一闻、尝一尝、看一看是什么。

◆师:老师这里有几瓶食品洗涤剂,小朋友们来看一看是什么,闻一闻是什么。

◆师:这些都是我们生活中常见的食品,白醋、小苏打我们做饭时会用到,可乐和茶叶水都是可以喝的饮料,大象老师说,这些食品都可以当作洗涤剂用来洗碗、洗衣服。那到底行不行呢?我们一起来试一试。老师这里有一个都是水垢的茶壶,我把几种食品洗涤剂倒一点进去,加点水,等待一会儿。(幼儿等待的同时进行操作)

3. 幼儿实验操作。

◆师:小朋友的桌子上也有一些食品洗涤剂,还有一些脏脏的碗和杯子,现在请每个小朋友到自己的小组上试一试。

(指导要点:食品洗涤剂可以是将白醋、小苏打和水混合而成,也可以是将可乐、茶叶水等混合而成。在幼儿清洗的过程中,教师要注意幼儿的安全,防止他们打碎碗或杯子被划伤。)

4. 实验结果分享。

- 师:好了,时间到了,请小朋友们擦干净手回到自己的座位上吧,把你洗干净的碗和杯子放在桌子上哦。
- 师:小朋友们,你们的碗和杯子洗干净了吗?我们来看一看小朋友们刚刚用食品洗涤剂洗的碗和杯子吧。
- 教师展示幼儿刚刚洗的东西并邀请小朋友说一说。

- 师:刚刚老师也用了食品洗涤剂清洗水壶,小朋友看一看,水壶里的水垢还在吗?水垢消失了,食品洗涤剂真厉害呀!自从用了食品洗涤剂后,森林里的小河又变干净啦!(播放课件)看,动物们都欢呼了起来!
- 小结:食品洗涤剂真厉害,既能用来做饮料做饭,又可以帮助我们清洗脏东西。小朋友们回家也和爸爸妈妈试一试使用食品洗涤剂吧!

活动延伸

★ 区域活动时,教师可以从一些游戏中引导幼儿使用食品洗涤剂,也可以在洗涤中心探索食品洗涤剂,在动手操作中发现食品洗涤剂更多的作用。

★ 鼓励家长带领幼儿在家中尝试用食品洗涤剂洗碗、洗衣。

活动反思

本次活动为小班科学活动,小班幼儿年龄较小,适合传授一些粗浅的知识,而食品洗涤剂中的白醋、可乐、茶叶水和小苏打离幼儿的生活较近,幼儿容易接受。另外,小班幼儿的注意力容易分散,因此在本次活动中教师重点营造了动物王国的情境,由动物们的烦恼引发此次探究活动,激发了幼儿的好奇心和求知欲,幼儿能够跟随教师的步伐完整地参与活动。在活动中,教师遵循《纲要》中的要求,让幼儿使用多种感官动手动脑探究问题,闻一闻、看一看、摸一摸、试一试、说一说,幼儿在做中学、学中做,加深了对食品洗涤剂的印象,也知道了要保护我们的环境。

(杨　雪)

方案29:草木灰来洗衣(大班科学)

活动目标

1. 了解草木灰液体有清洁污渍的作用。
2. 能够用草木灰液体洗涤衣服,熟练掌握洗涤衣服的技能。
3. 培养爱劳动的习惯,感受科学探究的乐趣。

活动准备

1. 物质准备:草木灰、盆、水桶、筛子、棉纱布、脏衣物、搅拌棒每组1份,防水衣、手套等防护用具若干。
2. 经验准备:知道草木灰加水可以溶解,了解过滤的方法。

活动过程

1. 直接导入,激发探究兴趣。

◆ 师:小朋友们,你们洗衣服的时候是加入什么用品来洗的呢?

◆ 师:你们都是用洗衣液、洗衣粉、肥皂来洗衣服的,今天老师要和大家尝试一种特殊的洗衣用品——草木灰。

(指导要点:此环节通过让幼儿回忆以前洗衣服的经验,直接引出洗衣用品草木灰,很好地激发了幼儿的探究兴趣。)

2. 师生探讨该怎么用草木灰来洗衣服。

◆ 师:这草木灰要怎么用来洗衣服呢?小朋友们开动脑筋想一想。

◆ 小结:有小朋友说可以把草木灰当成洗衣粉直接加进去洗衣服,这样可以吗?会不会把衣服弄得很脏呢?也有小朋友说可以先加水到草木灰里,再把草木灰液体过滤成干净的液体,这样就像洗衣液一样了。

(指导要点:幼儿通过观察和讨论,得出使用草木灰洗涤衣物的方法。)

3. 制作草木灰洗涤液。

(1) 幼儿合作制作草木灰洗涤液。

◆ 师:请大家都穿戴好我们的防护用具,小心不要让草木灰碰到我们的眼耳口鼻。

◆ 师:我们每一个小组都有一份材料,大家合作完成。

(指导要点:由于草木灰液体呈碱性,因此在幼儿操作时,教师必须时刻注意幼儿的安全。此环节重点强调活动的安全性,鼓励幼儿合作探索、自我探索,培养幼儿的集体意识和合作意识,促进幼儿亲社会行为的形成和发展。)

(2) 幼儿分享各自小组的制作过程和结果。

◆ 师:请各个组的小朋友们来说一说你们刚才是怎么做的。

◆ 师:我们来看看哪一个小组制作的草木灰洗涤液最干净,大家再听一听他们是怎么做的。

◆ 师:原来他们是先用筛子过滤几遍大块的杂质,再用棉纱布过滤几遍细小的杂质。

(指导要点:幼儿通过分享和讨论,得出过滤草木灰液体的方法。)

(3) 幼儿再次实验,制作草木灰洗涤液。

◆ 师:现在我们就制作好草木灰洗涤液了,大家观察一下,它和过滤之前有什么不同了?

◆ 师:它比之前更干净了、更清澈了。

(指导要点:随着一步一步操作的进行,幼儿眼前的草木灰液体逐渐变得清澈透明起来,这肉眼可见的变化、鲜明的前后对比,都让幼儿深刻体验到了科学探究的神奇和乐趣。)

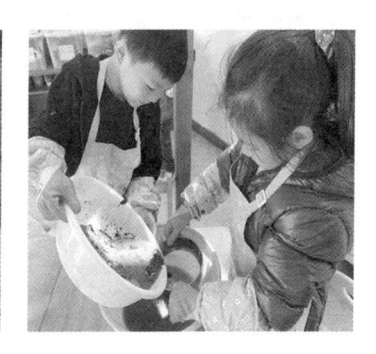

4. 用草木灰洗涤液清洗衣物,验证洗涤效果。

◆ 师:下面我们大家都再检查一下有没有把手套、防水衣等物品穿戴好。

◆ 师:小朋友们分组用草木灰洗涤液清洗衣物,看看能不能成功洗干净脏衣服。

(指导要点:在洗涤前为确保活动的安全性,必须再次检查幼儿防护用具的穿戴是否到位。在幼儿洗涤时,可采用分组合作的方法,培养幼儿的集体意识。应给幼儿充分的时间,锻炼其动手劳动的能力,务必做到洗干净、拧干水、晾晒好。)

5. 结束部分。

(1) 收纳整理衣物、材料、工具等。

◆ 师:请大家把东西都整理好,把我们的洗涤中心打扫干净。注意要把多余的洗涤液收集起来,放在中心供以后使用。

(2) 前后照片对比,感受草木灰洗涤液的神奇。

(指导要点:在活动结束后,及时地要求幼儿整理好洗涤中心,养成良好习惯。注意要把多余的洗涤液收集起来,以后可以继续使用。通过前后衣物的对比,幼儿可以直观地感受到草木灰洗涤液的清洁作用。)

活动延伸

★ 讨论总结制作草木灰洗涤液的全过程,幼儿设计、绘制草木灰洗涤液制作步骤图,放在洗涤中心供大家学习参考。

★ 在班级区角开设小小洗衣区,继续锻炼幼儿的动手能力。

★ 幼儿将草木灰洗涤液带回家,在家里清洗衣物。

活动反思

大班科学活动"草木灰来洗衣"通过让幼儿了解草木灰液体有清洁污渍的作用,然后制作草木灰洗涤液,最后用草木灰洗涤液清洁衣物,很好地培养了幼儿爱劳动的习惯,锻炼了他们的动手能力,让幼儿充分感受到了科学探究的乐趣。

在后续延伸部分,可以着重让幼儿设计、绘制草木灰洗涤液制作步骤图,这是很好的经验总结。

(计方翔)

方案 30:变干大揭秘(中班科学)

活动目标

1. 了解各种变干的方法(太阳、风、吹风机、热水袋)。
2. 能运用多种感官认识事物的多样性。
3. 乐意操作,喜欢思考、提问,体验探索过程的乐趣。

活动准备

1. 物质准备:小毛巾若干、餐巾纸、水盆 3 个、架子、吹风机、热水袋、扇子。
2. 经验准备:事先了解衣服变干的过程。

活动过程

1. 教师导入话题。

(1) 出示一条湿毛巾和一条干毛巾。

◆ 师:瞧,今天我给大家带来了毛巾,它的秘密可多了,现在就让我们一起去探索吧。

- 师：小朋友们看看这两条小毛巾，一条是干的，一条是湿的，你们知道干毛巾是怎么变湿的吗？
- 小结：小朋友们都知道当小毛巾遇到了水朋友，它就会变得湿湿的。
- 师：如何把湿毛巾变成干毛巾呢？你有什么好办法？（太阳晒干）
- 师：在日常生活中，除了太阳晒，还有什么办法能让毛巾变干？

（指导要点：以提问引出话题，萌发幼儿的好奇心，充分调动幼儿的学习兴趣，让幼儿初步了解风和太阳等能让物品变干。）

（2）小结：原来生活中有这么多让湿毛巾变干的好方法。除了太阳晒干、风吹干，还可以进行烘干或者吸干等。

2. 幼儿尝试操作。

（1）师：小朋友们想出了这么多让小毛巾变干的方法，那就请你们去试一试吧！认为太阳能使湿毛巾变干的，请到小太阳队；认为吹风机能使湿毛巾变干的，请到吹风机队；认为风能使湿毛巾变干的，请到小旋风队；对提供的热水袋感兴趣的可以到热水袋队……让我们一起看看湿毛巾是如何变干的。

小太阳队的幼儿将湿毛巾晾到了教室外有太阳的地方；

吹风机队的幼儿则在教师的指导和看护下，尝试用吹风机吹干湿毛巾；

小旋风队的幼儿将湿毛巾挂在了走廊的架子上；

热水袋队的幼儿一会儿将湿毛巾压在热水袋下面，一会儿用湿毛巾将热水袋包裹起来；

……

（2）各小组检查实验成果。

小太阳队：经过晾晒，湿毛巾变干了。

小旋风队：经过风吹，湿毛巾变干了。

吹风机队：经过反复吹，湿毛巾很快变干了。

热水袋队：经过热焐，湿毛巾变干了。

……

小结：太阳晒、风吹、吹风机吹、热水袋焐等方法都能使湿毛巾变干。

（指导要点：提供材料，幼儿在自己的尝试操作中感知湿毛巾能被太阳晒干，能被风吹干，还能被吹风机吹干、热水袋焐干。教师及时肯定幼儿的结论，使幼儿有成功的体验，为后续活动奠定基础。）

3. 观看课件,说一说为什么风、太阳、吹风机和热水袋能把湿的毛巾变成干的。

(1) 教师播放课件"太阳为什么能把湿的变成干的?"。

◆ 师:观看视频后,请小朋友说说太阳为什么能把湿毛巾变成干毛巾。

◆ 幼:因为水会被蒸发,在太阳底下的面积越大,蒸发越快。

(2) 教师播放课件"风为什么能把湿的变成干的?"。

◆ 师:观看视频后,请小朋友说说风为什么能把湿毛巾变成干毛巾。

◆ 幼:因为水会被蒸发,液体表面上方的空气流动的速度越快,蒸发越快。

(3) 教师播放课件"吹风机为什么能把湿的变成干的?"。

◆ 师:观看视频后,请小朋友说说吹风机为什么能把湿毛巾变成干毛巾。

◆ 幼:因为水会被蒸发,吹风机温度很高,温度越高,蒸发越快,吹风机又有风,空气流通速度越快,蒸发越快。

(4) 教师播放课件"热水袋为什么能把湿的物品变成干的?"。

◆ 师:观看视频后,请小朋友说说热水袋为什么能把湿毛巾变成干毛巾。

◆ 幼:因为水会被蒸发,热水袋有热量能够将水蒸发。

◆ 小结:变干的原理是水会被蒸发,且温度越高,蒸发越快,而热水袋和太阳温度较高,故可以使水蒸发得快。

(指导要点:通过分段观看课件,并加入谈论和提问环节,幼儿了解到变干的原理是水会被蒸发,他们也知道为什么太阳、风、吹风机、热水袋可以使湿的物品变成干的。)

4. 活动总结。

湿毛巾之所以变干,是因为水会被蒸发,温度越高,蒸发越快,所以热水袋和太阳温度高,可以使水蒸发得快;液体表面上方的空气流动的速度越快,蒸发越快,所以风可以使湿的物品变成干的;吹风机则兼具温度高和空气流通速度快两种优势,所以吹风机可以使湿的物品迅速变干。

活动延伸

★ 请小朋友们回到家中,和家人实验一下变干的方法,仔细观察并且用照片或者视频记录,思考还有什么办法可以使湿的物品变成干的。

活动反思

在本次活动中,教师利用提问导入,用生活中常见的物品进行实践,吸引幼儿的注意力,激发了幼儿的学习兴趣;采取分组合作的形式,引导幼儿实验,既锻炼了幼儿的动手实践能力和合作能力,还增强了幼儿的探索能力以及个人自信心。

(朱丽佳)

方案31:拧干与脱水(大班科学)

活动目标

1. 知道在生活中洗好厚衣服如毛衣、外套等,需要拧干以及给衣服脱水后再进行晾晒。
2. 能通过猜测和验证知道拧干和脱水机脱水这两种方式哪一种可以让衣服干得更快。
3. 增强好奇心,对科学探究活动感兴趣。

活动准备

1. 物质准备:电动脱水机、湿毛衣若干、实验记录表若干。
2. 经验准备:在生活中具备一些简单的生活技能,掌握脱水机的简单操作方法。

活动过程

1. 激发幼儿活动兴趣,交代本次活动目的。

◆ 师：小朋友们，今天我们又来到了洗涤中心，我们可以在这里做哪些事情呢？

◆ 师：看来小朋友们有很多劳动的经验，今天老师想请大家帮我一个忙，请看，这里有一些又大又重的湿衣服，如何把它们的水都沥干呢？

（指导要点：教师引导幼儿积极动脑去思考问题，并迁移幼儿以往的生活经验，激发幼儿的探索热情。）

◆ 师：小朋友们说可以用手拧干，还可以用脱水机器。这两种方法在我们的生活中是比较常见的速干方法，你们觉得哪一种方法会使衣服干得更快呢？请你与旁边的小朋友先讨论一下，再和大家分享你的想法。

（指导要点：本环节给予幼儿自由讨论和发言的空间与环境，营造自主游戏的氛围，鼓励幼儿大胆发言，大方猜想，为接下来的实验环节进行良好的铺垫。）

2. 幼儿自由分组(手动拧干组、脱水机组)开展实验。

◆ 师：接下来，请小朋友先找到你的伙伴一起来选择你想要尝试的方法，一起合作完成今天的实验，实验过程中，别忘了把实验的过程记录在以下的表格中。

（指导要点：教师鼓励幼儿自主选择活动伙伴，促进幼儿的合作能力，激发幼儿在活动中的自主探索意识。）

拧干与脱水机脱水，哪种方法干得更快？

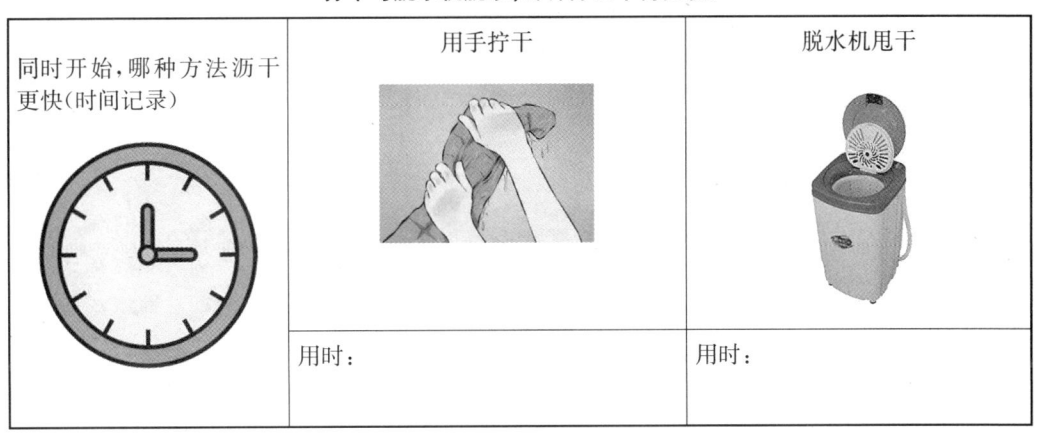

同时开始，哪种方法沥干更快（时间记录）	用手拧干	脱水机甩干
	用时：	用时：

◆ 教师巡回指导，及时为幼儿提供相应的帮助。

◆ 协助幼儿进行脱水机的使用，提醒他们注意安全。

3. 分享比对各组的实验结果。

◆ 教师帮助幼儿共同分享、整理汇总实验结果。

◆ 师:请每一组选一位小朋友来与大家分享你们的实验结果。

(指导要点:本环节主要是为了鼓励幼儿分享实验结果,在参与实验的过程之后学会总结与表达,通过教师的辅助将实验结果记录在白板上,更有助于幼儿感受和理解实验的结果。)

◆ 师:我们通过今天的实验发现,脱水机甩干的方式能够更快速地把湿衣服的水沥干。但有个别组用手拧干的速度也很快,这是因为他们在拧干的时候重复多次并合作把衣服拧得特别干。

活动延伸

★ 引导幼儿在日常生活中进一步尝试运用各类工具探究让衣物速干的方法。

活动反思

《纲要》中指出:"幼儿的科学教育是科学启蒙教育,重在激发幼儿的认识兴趣和探究欲望。要尽量创造条件体验发现的乐趣。"本次实验活动的主题内容是幼儿在生活中有一定经验的,但是要以科学实验的方式与流程进行,需要考验幼儿的综合探究能力。

从大班幼儿的年龄特点来看,幼儿在本次活动中以小组合作的形式进行实验,是为了进一步提升幼儿的合作能力。教师在活动中主要以组织者和引导者的身份介入实验过程,让幼儿成为游戏活动的主人,更加容易激发幼儿对科学探究活动的兴趣。兴趣的产生更能推动幼儿科学探究能力的提升,幼儿在实验过程中学会分工、商量与分享,发挥各自的优势与能力,甚至促进在活动中的自主学习能力,在充分的时间与空间内感受到科学活动的魅力。

(苏 雅)

方案32：晾晒袜子（小班综合）

活动目标

1. 知道袜子的晾晒方法，知道要夹住袜子的口部进行晾晒。
2. 通过练习，能较熟练地运用拇指、食指和中指进行夹夹子的动作。
3. 喜欢劳动，在晾晒袜子的过程中感受自己动手的快乐。

活动准备

1. 物质准备：袜子若干、有夹子的晒衣架若干、夹袜子和晾晒袜子的视频。
2. 经验准备：幼儿有过夹夹子的经验。

活动过程

1. 视频引入，激发幼儿兴趣。

◆ 师：今天洗涤中心来了一些新朋友，让我们来看看是谁？

◆ 师：夹子能用来干什么呢？它对我们的生活有什么帮助呢？

◆ 小结：今天我们就来看一个关于夹子的故事，看看夹子是用来做什么的。

（指导要点：通过观看生活中大人们使用夹子的视频，唤起幼儿的生活记忆，为下面自己操作夹子做铺垫。）

2. 播放晾晒袜子的视频。

（1）幼儿观看视频，观察夹子的用法。

◆ 师：她们是拿什么东西来固定袜子的？用的是什么工具？

（2）幼儿相互讨论。

◆ 师：你们看清楚是用的什么吗？

◆ 师：是什么样的衣架呢？

◆ 师：你能看清楚她们是怎么使用夹子的吗？你可以给大家示范吗？

（3）个别幼儿示范夹夹子。

◆ 个别幼儿演示夹夹子，请其他幼儿点评操作。

◆ 师：他夹得对不对？好不好？

◆ 幼儿自由评论。

（4）幼儿自由练习夹夹子。

◆ 教师示范：其实夹夹子是很简单的，刚刚小朋友们也示范了一下，只要我们的小手相互配合，分别捏住夹子的两侧，就能把夹子打开一个"小嘴巴"，另一只手把要晾晒的袜子轻轻地塞在"小嘴巴"里就行了。注意千万不要夹住自己的小手指。

◆ 师：看看老师是怎么夹袜子的（放慢速度夹夹子），用的是哪几个手指？

◆ 幼：老师用了拇指、食指和中指。

（指导要点：操作示范阶段可以适当放慢速度，可以用一些简单的图片作为辅助。）

3. 幼儿分小组练习夹夹子。

◆ 师：既然知道了夹夹子的方法，你们想不想自己动手试一试呀？

（1）幼儿分成6组，每组5人进行夹袜子的练习。

◆ 师：注意哦，夹子的"小嘴巴"要和小袜子对齐，千万不要夹歪了！

◆ 幼儿自由操作，教师巡回指导。

（2）请幼儿讲一讲自己操作时候的发现和注意要点。

◆ 师：在夹夹子的时候你们有没有一些发现或者觉得需要注意的，和大家一起分享。

（3）把夹好袜子的晒衣架送到晒场进行晾晒。

◆ 师：我们都把袜子夹好了，真开心，给自己鼓鼓掌吧。我们把这些晾好的袜子送到晒场去晒太阳，好不好？

◆ 师幼一起把夹好的袜子放在外面的晾衣架上晒一晒。

活动延伸

★ 请幼儿回到教室，自己动手将擦手的小毛巾夹在架子上。

★ 回到家后帮助家人一起用夹子晾晒衣服。

活动反思

幼儿对于这种形式的动手活动明显是充满兴趣的。整个活动中,幼儿的表现都是积极的,跃跃欲试的。虽然个别能力较弱的幼儿失败了好几次,但是他们能在失败后反复练习,最后取得成功,这本身就是开展活动的意义所在!通过本次活动,幼儿对家务事有所了解,体会到了家里大人们的辛苦,从而有了帮大人做力所能及的事的愿望!

(许　红)

方案33：神奇的三角晾衣架（大班科学）

活动目标

1. 知道三角晾衣架是我国古代沿用至今的一项发明。
2. 通过小组合作等方式进行自主搭建,探索发现"三脚架"的稳定性。
3. 体验与同伴一同搭建的乐趣,感受古代人发明的智慧与伟大。

活动准备

1. 物质准备:古代人三角晾衣架图片若干,竹竿、绳子、石头、晾衣架设计图纸、记号笔若干。
2. 经验准备:幼儿对生活中的晾衣架有一定的了解;前期认识洗涤中心竹竿、绳子、石头等各种三角晾衣架的搭建材料。

活动过程

1. 进入主题,萌发兴趣。

◆ 师:洗涤中心的衣服洗好了,我们怎么把它们晾起来呢?你们知道在生活中是怎么晾衣服的吗?(幼儿自由讨论自己所认识的不同晾衣架)

◆ 小结:你们找到了这么多晾衣服的方法,可以使用电动晾衣架,遥控器一摁就降下来了;也可以挂在一根绳上,绳的两端固定在墙上;还可以用铝合金衣架晾晒衣服。现在洗涤中心有这么多的材料,我们也来试试搭建洗涤中心的晾衣架吧!

2. 自由探索工具，初步尝试搭建晾衣架。

(1) 教师出示竹竿、绳子、牛皮筋、石头等材料，请幼儿想办法搭建一个晾衣架。

◆ 师：看，洗涤中心外面有这么多材料，让我们动动脑筋，在这块场地上搭建一个合适的晾衣架吧。

（指导要点：教师不必刻意引导幼儿用竹竿搭建，把材料交给幼儿，让他们根据兴趣选择喜欢的工具和材料进行探索和尝试。）

(2) 幼儿自由探索各类材料，教师巡回观察指导。

◆ 师：选择材料之后，可以邀请小组成员一起合作完成，也可以根据自己的兴趣单独完成。期待大家的搭建成果。

(3) 交流探索结果，请幼儿说说用了什么材料和方法搭建的晾衣架。

◆ 师：小朋友们的方法都太巧妙了，有的在洗涤中心旁的两棵小树上悬挂绳子，将其变成晾衣绳；有的两个人一前一后抬着竹竿，上面就能晾衣服了；有的用绳子绑住一捆竹竿，竖起来就能挂衣服了。你们把生活中看到的不同晾衣架用不同的方式都搭建出来了，我为你们丰富的想象力点赞。

3. 探索使用小竹竿搭建晾衣架。

(1) 教师提出第二次操作要求：不能借助人力，用洗涤中心的竹竿搭建完整的晾衣架。

◆ 师：这次我们用竹竿作为主要材料，看看怎样能够搭建出一个稳稳的晾衣架，如果有困难，可以找一些合作伙伴，记得把你们用到的方法记录在表格中。

（指导要点：通过观察讨论的方式让幼儿初步感受晾衣架搭建的特性，引出一个人很难稳定两个架子并且架子容易倒等问题，引导幼儿进行分工合作。）

（2）幼儿根据要求自由探索用竹竿搭建晾衣架。

◆ 幼儿进行初步的组队，对小组成员进行简单的分工，尝试搭建竖立起来的晾衣架并且做相应的记录。

◆ 教师巡回指导，引导个别组队有困难的幼儿参与合作。

（3）幼儿讨论交流操作的结果和方法。

◆ 请幼儿结合自己的记录相互交流搭建的经验和遇到的问题。

◆ 师：小朋友们都能用自己的方法将晾衣架搭建起来，晾衣架都能挂上衣服。有的是两侧分别用四根竹竿撑起两个架子，有的是使用五根竹竿，在竹竿交会处绑上绳子或者皮筋，这些方法都很实用。

4. 尝试搭建稳固的三角晾衣架。

（1）幼儿猜测最少要几根小棒才能让小球站稳。

◆ 师：你们觉得最少用几根竹竿就能搭起一个架子呢？将你们的猜测记录在表格里，快动手验证你们的猜想吧。

（2）幼儿尝试操作，验证自己的猜测，教师巡回指导。

（指导要点：在搭建过程中，引导幼儿相互交流讨论，尝试采纳每位幼儿的建议。教师应多关注话较少的幼儿，及时鼓励和引导。）

（3）师生交流讨论，得出结论：最少需要三根竹竿才能搭起一个架子。

◆ 师：你们发现了两侧分别用三根竹竿将架子搭起来，三根竹竿摆放的位置也要比较分散才会更加稳固。

（4）教师小结，说明三脚架稳定性的特点。

◆ 师：用三根小棒，只要上面固定，下面分开摆成一个三角形，三个角不大也不小，就能又方便又稳固地把小球撑起来。人们根据这个发现做了很多有用的架子，并且还给这种架子取了一个形象的名字叫"三脚架"。

5. 感受三脚架的悠久历史和在生活中的运用。

播放视频，了解古代人是如何发明三角晾衣架的，感受古人的智慧。

我设计的晾衣架

我选择的工具	竹竿搭建(1)	竹竿搭建(2)
	我们的分工：	我们的猜测：?
		我们的分工：
	我们的搭建：	我们的搭建：

活动延伸

★ 请幼儿将自己小组绘画的搭建小技巧粘贴在洗涤中心的展示栏里，方便其他班幼儿对三角晾衣架进行搭建。

活动反思

本次活动通过三个环节的搭建，层层递进，引导幼儿自主探寻搭建三角晾衣架的方法。教师并未告知幼儿搭建的正确方式，而是把问题抛给幼儿，让他们在与工具和材料的相互运用中探寻解决方法。在分工合作的环节，教师引导幼儿进行任务的分配，在搭建开始之前进行初步的分工可以让幼儿更加明确自己在搭建过程中的任务。但是在搭建之前若太刻意地进行明确的分工，可能使游戏变得枯燥，扼杀了幼儿在搭建过程中的积极性。因此，教师的观察和指导很重要，适时适当地引导幼儿在游戏中进行协商，满足了幼儿多方面探索的欲望，支持幼儿进行一系列的合作和与材料的互动。

（朱芳艳）

方案 34：袜子叠叠乐（小班综合）

活动目标

1. 知道根据袜子的特点（长短、颜色、图案）进行配对。
2. 能初步通过观察、对比等方式找到一对的袜子并尝试动手将袜子对齐卷起收纳好。
3. 喜欢动手整理袜子，享受与同伴一同整理袜子的乐趣。

活动准备

1. 物质准备：洗涤中心收纳区中各种各样的一对对的袜子、洗涤中心设置投放袜子的不同收纳盒。
2. 经验准备：幼儿知道什么是"对"，玩过配对游戏。

活动过程

1. 情境导入。

◆ 师：小朋友们，今天洗涤中心外面晾了好多宝贝，我们来看看是什么呢？（袜子）

◆ 师：有这么多的袜子，它们一样吗？（不一样）哪里不一样呢？

（指导要点：幼儿自由观察和讨论不同袜子的长短、颜色、图案，在观察中引导幼儿去对比袜子长短、颜色、图案的不同。）

◆ 小结：袜子有长长的、短短的，有红色的、白色的，有三角形的、圆形的……

2. 观察袜子的特点，给袜子找朋友。

（1）观察自己的袜子，知道袜子要穿一对的。

◆ 师：小朋友们，你们的脚上也穿了袜子，它们是什么样子的？

依次请2—3位幼儿介绍自己的袜子。请介绍的小朋友脱下一只鞋,方便大家观察介绍者脚上的袜子,引导幼儿重点介绍袜子的长短、颜色和图案。

◆ 小结:我们的袜子要穿两只一样的,长短要一样、颜色要一样,图案也要一样。

(2)收袜子,给袜子找好朋友。

◆ 师:今天请你们帮洗涤中心的哥哥姐姐们收袜子。记着,每个小朋友收一对一样的袜子。

◆ 师:小朋友们,你们选择的袜子是一对好朋友吗?请大家把收的袜子举起来。请小眼睛亮的小朋友找一找,有没有谁选择的袜子朋友长短不一样?有没有谁选择的袜子朋友颜色不一样?再请小眼睛更亮的小朋友找一找,有没有谁选择的袜子朋友图案不一样?

(指导要点:请幼儿进一步观察、发现是否有不一样的颜色、图案的袜子。)

◆ 师:小朋友们真聪明,这么快就帮袜子找到小伙伴了,长短、颜色、图案都一样的才能配对到一起。

3. 动动小手,整理归袜。

◆ 师:小朋友们真棒,把袜子的好朋友都找到了,你们可以帮哥哥姐姐们再把袜子叠起来放好吗?

(1)教师一边念儿歌一边示范叠袜子。

◆ 小袜子,对整齐,点点头,弯弯腰,张开我的小嘴巴,啊呜一口吃掉它,我的袜子叠好啦!

(指导要点:引导幼儿一边念儿歌,一边叠袜子,发展手部动作和手眼协调能力。)

(2)幼儿个别上来示范操作,教师重点指导。

◆ 教师和幼儿一同念儿歌,示范正确的叠袜子方法,其他幼儿观看巩固。

(3)幼儿集体操作,教师巡回指导。

◆ 师：小朋友们的小手真能干，一会儿就把这么多袜子叠好了。现在，我们将叠好的袜子放回洗涤中心的收纳盒里吧，哥哥姐姐们看到了也会夸你们能干的。

活动延伸

★ 准备各种各样的鞋子、手套等，引导幼儿通过观察进行配对。
★ 引导幼儿探究更多的叠袜子方式。

活动反思

幼儿能根据袜子的大小、颜色、图案、袜筒的长短等进行匹配，活动的重点可以放在激发幼儿参与的积极性和动手操作上，还可以在后期组织穿袜子比赛，从而更好地激发幼儿"自己的事情自己做"的意识，并养成良好的习惯。

幼儿基本都能初步掌握卷叠袜子的技巧，有些幼儿过于小心，力气太小导致袜子一直叠不整齐，教师可以鼓励这类幼儿大胆尝试，也可以让几个叠得快的幼儿进行叠袜子比赛，比一比在规定时间内谁叠的袜子多，通过游戏的方式使幼儿对叠袜子更加有兴趣，增强幼儿的自理能力。

（梅雪娇）

方案35：玩转叠衣方法（中班综合）

活动目标

1. 知道许多衣物都有对称的特点。
2. 观察图纸，用对称的方法尝试不同的衣物折叠。
3. 在整理自己衣物的过程中感受自我服务的快乐，树立正确的工作观念。

活动准备

1. 物质准备：T恤、衬衫、裤子、外套等各种款式的衣服若干，各类叠衣服图示卡，衣服设计卡（空白表格）。
2. 经验准备：幼儿在洗涤中心看过一些叠衣服方法的图示；前期通过访谈知道一些不同的叠衣服方法。

活动过程

1. 图片导入,激发幼儿兴趣。

教师讲述故事:小熊今天遇到一个烦恼,它马上要搬家了,但是一大堆衣服还没整理,它把这堆衣服都带到了我们的洗涤中心,我们能帮帮它吗?

(1) 引导幼儿观察不同的衣服类型,观察它的基本特征。

(2) 小结:小熊的衣服分为上衣、裤子,我们动手帮它整理一下吧!

(3) 请个别幼儿来讲一讲自己知道的叠衣服的方法,教师进一步评价与总结。

(指导要点:引导幼儿说一说整理方法时,可以请他们一边说一边用身边的衣服做示范,引导幼儿进行正确的叠衣服示范。)

2. 尝试初步的整理收纳。

(1) 请幼儿以小组为单位选择一些衣服进行整理。

◆ 请小组上来自由选择需要整理的衣服,每个小组幼儿先对衣物进行分类,再按照自己的方式进行衣物的叠放。

(2) 请个别幼儿讲述一下自己小组叠放的方法。

◆ 请个别幼儿根据自己叠放衣服的图片进行讲述,讲一讲自己叠的是什么衣服,叠放的过程是怎样的。

(3) 其他小组评价并相互讨论叠衣服的方法。

◆ 先请小组成员相互交流一下自己和同伴叠放的衣服,也可做一些对比观察。请小组代表讲一讲自己的发现。

(指导要点:引导幼儿一边叠衣服,一边讲述叠放的过程和注意要点,在分组叠放过程中教师要巡回观察,注意倾听不同幼儿叠放衣服的方法。)

3. 出示叠衣服图示卡,引导幼儿进一步整理衣服。

(1) 教师继续讲述故事:小熊看你们忙得热火朝天,给你们拿来了它妈妈做的"衣服整理卡片",我们听听小熊怎么说的,"这是我妈妈给我的卡片,她叫我每天都要整理衣服,可是我都没有听,现在遇到这么大的麻烦,如果你们能帮我叠好衣服,我以后肯定不会乱扔,我会自己整理衣服"。

(2) 观察图片内容,引导幼儿讨论。

◆ 师:注意看,这个虚线是干什么的呢?你们猜猜它有什么用处?
◆ 幼儿根据手中图片,小组观察讨论。
◆ 师:虚线都是放在什么位置的?用你们的小手折一折,翻转下看看。
◆ 小结:这个虚线是对称线,通过对称的方法叠出来的衣服又整齐又好看。

(3) 幼儿自由操作,根据对称的方法叠放衣服。

◆ 师:请你根据图中对称线的位置,进行衣服、裤子的叠放。
◆ 请个别幼儿演示对称的叠放方法,其他幼儿相互讨论和交流。
◆ 小结:小朋友们都能对称叠放衣服了,只要沿着中间对称线翻折,衣服就会很整齐。

(指导要点:在讨论对称线位置的过程中,教师可以先留下悬念,让幼儿自己去探索线条所处的位置,在探索过程中,不同叠放步骤下也有相应的对称线,可以引导幼儿一边叠衣服一边探索对称,并且做好相应的记录。)

活动延伸

★ 在衣服叠放的过程中不同的叠放角度也会出现许多不同的对称线,引导幼儿设计一些表格并用对称方法进行叠衣服方法图示的绘制,放在洗涤中心的展板上,供幼儿相互讨论和欣赏。

活动反思

有少数幼儿不太愿意参加叠衣服的活动,可能是因为在家里家人都包办代替了,也可能是因为幼儿的精细动作未发育完善,教师应该多关注这些幼儿,及时回应和指导。同时也可以设置一些奖励制度,如多次进行自我服务就能得到贴纸奖励等。

(朱芳艳)

方案36:我的收纳小妙招(大班社会)

活动目标

1. 学会对衣物进行分类整理收纳,并尝试按一定特征归类摆放整齐。
2. 感知物品分类摆放给生活带来的好处,养成整理物品的良好生活习惯。

活动准备

1. 物质准备:洗涤中心收纳区衣物、鞋、玩具若干,收纳柜若干,勾线笔、画纸、蜡笔、胶带、剪刀等。
2. 经验准备:幼儿在日常生活中有收纳的经验。

活动过程

1. 情境导入,激发幼儿探究兴趣。

◆ 师:小朋友们,你们看这是我们昨天收回来的衣服,现在都堆在洗涤中心的柜子上面,你们看了有什么感想吗?这样的柜子看着舒服吗?如果这是你们的房间,你们会喜欢吗?

(指导要点:本环节以直观的情境导入,可以一下子吸引幼儿的注意力,引发幼儿的思考。)

◆ 师:看来大家都很喜欢整齐,不喜欢这样的柜子、这样的房间,因为太乱了,看着都不舒服,住着就更不舒服了。

2. 幼儿分组尝试整理。

(1) 幼儿尝试整理收纳。

◆ 师:请小朋友们分成两组,一起来整理一下洗涤中心的收纳区吧。

◆ 师：洗涤中心里面有收纳箱，还有衣柜。现在请小朋友们分成两组，分别帮忙收拾一下这些衣服、鞋子、毛绒娃娃等物品，你们可以组内商量分工一起合作。我们来比一比看哪组收拾得又快又干净又整齐。

（指导要点：幼儿通过现场观察已经发现了很多问题，此环节可以鼓励幼儿自己先尝试动手解决问题。）

（2）幼儿相互评价彼此之间的整理工作，发现问题。

◆ 师：我看到所有的小朋友都很积极，小组内配合得也很好，现在请你们评价一下对方组整理得如何？你们觉得哪些地方整理得很好？哪些地方还需要改进的？哪位小朋友来说一说？

（指导要点：幼儿之间的互相评价能够帮助他们发现别人做得好的地方，也方便他们互相学习。）

（3）教师总结两组整理的不足之处。

◆ 师：小朋友们说得都很好，老师将你们说的两组都需要改进的地方总结了一下。

① 摆放不够合理，有的小朋友说衣服堆得太高了，放着放着就倒了。

② 没有将衣物进行分类，裤子和上衣没有分开，袜子和短裤都放在一起了。

③ 鞋子也是乱七八糟地堆在收纳盒里。

④ 有的小朋友将不同的东西放在同一个柜子里了。

◆ 师：但是老师也发现了××小朋友在收纳裙子的时候，没有将其放进收纳箱，而是选择了用衣架挂起来，这个很仔细，值得我们学习！

（指导要点：幼儿之间的互相评价能够帮助他们发现问题并解决问题。）

3. 学习分类整理衣物。

(1) 幼儿讨论改进方法。

◆ 师:刚刚我们通过两组的整理对比发现了好多问题,现在就请小朋友们针对这些问题,一起来想想如何解决。

(指导要点:幼儿发现问题以后,教师引导幼儿讨论,自行寻找解决问题的办法。)

◆ 小结:小朋友们讨论得很激烈,每个人都在出谋划策想办法解决问题。根据小朋友们的讨论,总结出以下几点整理方法。

① 分类,把要整理的东西,如上衣、裤子、鞋子等按类别摆放,悬挂的衣物也要分开。

② 叠整齐,上衣、裤子都要叠整齐,鞋子等其他物品也要先整理好。

③ 摆放整齐,所有的物品都要摆放整齐。

(指导要点:通过幼儿给出的方法,教师加以整理,帮助幼儿梳理出一套整理的流程,可以更好地记忆并付诸行动。)

(2) 幼儿分组进行整理。

◆ 师:现在,请小朋友们根据我们刚刚总结出来的整理方法重新进行整理。

◆ 幼儿分组再次进行整理。

4. 幼儿制作收纳标志。

◆ 师:经过小朋友们的努力,衣物都分类收纳好了,如果过了一段时间,我忘记我的衣服放在哪里了怎么办?如果我到处找,到处翻,就会把好不容易整理好的衣服弄乱,怎么办?谁有好的办法呢?

(1) 引导幼儿讨论:如何能更好地记住每种衣物摆放的位置?

(2) 幼儿为收纳箱或柜子制作收纳标志。

(3) 幼儿分享自己的标志。

◆ 师:小朋友们设计的标志都很仔细,有小朋友将收纳箱里衣服、鞋子的数量都标注出来了,还有小朋友连颜色都标记出来了,很周到,很细致。这样我们以后找东西就很方便了,相信其他老师或小朋友也可以很快地找到他们需要的东西。

(4) 粘贴收纳标志。

活动延伸

★ 活动后引导幼儿学习一些网络上有用的收纳小技巧,也可尝试把家里衣柜还有其他物品分类整理,做个爱劳动、爱整洁的好孩子。

活动反思

整个活动中幼儿的参与性都很高,因为与他们的生活息息相关,但在家里轮不到他们来做,所以有机会整理时,每个人都跃跃欲试。我们注意到,在整理的过程中,大多数幼儿会叠衣服,但是叠得不是很整齐,建议教师利用平时午睡前的时间让幼儿练习叠衣服,养成整理收纳的习惯。当然,这还需要家长的积极配合,需要他们在平时多给幼儿独立动手操作的机会,自己的衣服自己叠,自己动手整理收纳,让幼儿有足够的时间去养成这一好习惯。

(袁 溢)

方案 37:洗涤小历史(大班社会)

活动目标

1. 了解洗涤方式、工具和用品的变化,初步了解变化产生的原因。
2. 在实践、操作中感知洗涤史的发展变化,体验科技发展带来的便利。
3. 愿意参加洗涤活动。

活动准备

1. 物质准备:木桶、棒槌、搓衣板、草木灰、皂角、洗衣粉、洗衣液等洗涤工具、用品;每人脏衣服1件、记录纸1张、记号笔1支。
2. 经验准备:幼儿通过调查、访谈,已获得一些洗涤史的知识经验。

活动过程

1. 了解千年洗涤方式。

◆ 师:猜猜图片上的人们在做什么?

◆ 师:她们在捣衣,这是中国古代清洗衣服的一种方式,你还知道哪些洗衣方式?

2. 认识从古至今的洗涤工具。

◆ 师:刚才我们了解了三种洗涤方式,现在我们更多的是借助洗衣机这一工具。以前人们会借助什么工具?你们能根据自己调查到的结果来说一说吗?(幼儿根据调查结果进行介绍)

◆ 小结:古代人会借助棒槌,用敲打衣物的方式进行清洗;到了爷爷奶奶这一辈,人们有的借助搓衣板,通过搓洗来清洗衣物,也有的用洗衣机清洗衣物;现在我们普遍会借助洗衣机来清洗衣物。

3. 认识各类洗涤用品。

◆ 师:洗衣服除了需要工具,还需要一些洗涤用品。生活中有很多洗涤用品,你能说出几种?(请幼儿介绍洗涤用品的名称以及用途)

4. 进一步感知各种洗涤用品。

◆ 师:它们是什么状态的?是什么颜色、什么味道的?摸上去有什么感觉?

[指导要点:幼儿在碗里倒入三种洗涤用品(粉状、固体、液体),看一看、摸一摸、闻一闻。]

◆ 师:这三种洗涤用品分别有什么作用?

◆ 师:除了这些东西,还有可以用来清洗的东西吗?古代人是用什么来进行物品清洗的呢?(草木灰、皂角介绍)

(指导要点:教师借助图片提问,与幼儿围绕家乡洗涤史的变迁展开交流、讨论,使幼儿对家乡洗涤史变迁形成相对完整的认知。)

5. 实践操作:洗衣服小能手。

(1) 幼儿两人分组,自主选择洗涤方式和洗涤用品进行洗涤。

◆ 师:你想用哪种方式、哪些材料清洗衣物?为什么?

◆ 教师提供记录纸,引导幼儿记录选择的洗涤工具、用品以及洗涤结果。

(2)交流、分享,共享感受和收获。

◆ 师:你选择了什么工具?用了哪种清洁剂?洗出来的结果怎么样?你觉得好用吗?为什么?

实验记录表

1			
2			
3			

◆ 小结:以前洗涤的方式比较费力,但在当时的物质条件下,人们能够借助身边的工具、材料去清洗衣物,是非常有智慧的。现在,随着科学技术的快速发展,清洗衣物变得简单快捷,但是,我们仍要向古代人学习,善用身边的资源去帮助自己生活得更好。

(指导要点:幼儿通过实际动手操作进一步感知洗涤史变化的原因,对于人们的生活智慧有了深切的认识,萌发幼儿自主创新、自主服务的意识。)

活动延伸

★ 幼儿回家后,可与家长共同尝试用不同的洗涤工具和洗涤用品清洗衣物,丰富对洗涤活动的认知和提升自我服务意识。

活动反思

本次活动旨在帮助幼儿在学一学、玩一玩、讲一讲的过程中,对家乡洗涤文化有一个较为深入的了解,能够对家乡洗涤文化有认同感和自豪感。

在开展活动前,幼儿围绕家乡洗涤史进行了采访、调查,对家乡洗涤文化有了一些了解,但不够全面系统。因此,本次活动在前期准备的基础上,与幼儿进一步交流、讨论,帮助幼儿厘清家乡洗涤文化的历史,对家乡洗涤文化有了较为全面的认识。比起单纯了解洗涤文化的变迁,了解变迁的原因更为重要,因此,在本次活动中,教师为幼儿创设了直接感知、实际操作和亲身体验的机会,设置了小游戏的环节,引导幼儿自主选择、尝试并进行记录。通过这样的活动,幼儿与家乡洗涤史有了进一步的联系,既体验到了洗涤活动的乐趣,又对家乡洗涤史的发展变化原因有了一定的认识和理解。也正是这样的活动,拉近了幼儿与家乡文化之间的距离,激发了幼儿探秘家乡文化的兴趣,将家乡文化植根于幼儿的心灵之中。

(沈梦迪)

方案38:洗涤剂知多少(大班社会)

活动目标

1. 了解生活中常见的洗涤剂,初步认识天然洗涤剂。
2. 能够记录并介绍自己认识的洗涤剂。
3. 对日常生活中的天然洗涤用品感兴趣,愿意与同伴交流。

活动准备

1. 物质准备:调查表《我知道的洗涤剂》,幼儿自带1—2种洗涤剂,分别是由木槿、草木灰、无患子、皂角制成的天然洗涤剂。
2. 经验准备:幼儿有过调查的经验。

活动过程

1. 谜语导入,激发兴趣。

   遇水吐泡泡,四四方方像块糕。

   洗手去油污,保持卫生需要它。

   ◆ 师:你们能猜出它是谁吗?它就是肥皂。看一看,它是不是像一块糕呀?你们知道肥皂有哪些用处吗?

   ◆ 小结:肥皂可以帮助我们清除油污和脏东西,我们生活中还有许多像肥皂这样可以清除油污的洗涤剂。

2. 分组介绍现代洗涤剂调查表。

   ◆ 师:除了肥皂,你的调查表上还记录了哪些你认识的洗涤剂?请你把自己知道的洗涤剂和自己小组里的伙伴分享交流一下,还可以把你带来的洗涤剂给同组的小朋友看一看。

（指导要点：教师引导组内幼儿轮流发言，其他幼儿学会认真倾听，不随意打断别人，幼儿交流时完整介绍洗涤剂的名称以及用法。鼓励幼儿与同伴交流，在较宽松的语言交往环境中能让幼儿更想说、敢说、喜欢说。）

3. 汇总交流记录。

◆ 每组请一名幼儿展示组内的洗涤剂，组内其他幼儿可以进行补充。最后请幼儿在调查表空白处记录下大家介绍的洗涤剂。

◆ 师：刚才每个人都介绍了自己认识的洗涤剂，现在请每组派一名代表，跟大家分享一下你的小组成员带来了哪些洗涤剂，说一说它的名称及用法。

◆ 师：刚才大家介绍了这么多洗涤用品，老师有点记不住了，怎么办呢？

◆ 师：我这里有一张大的记录表，你们觉得应该怎么记录呢？

我知道的洗涤剂				
洗涤剂				
用法				

◆ 师：第一行用来记录你们认识的洗涤剂，第二行用来记录洗涤剂的用法。

（指导要点：教师引导幼儿将他人介绍的洗涤剂记录下来，让幼儿在绘画中体验文字符号的功能，培养幼儿的书写兴趣。）

4. 分享天然洗涤剂的种类和作用。

◆ 师：我们已经记录了这么多种现代洗涤剂，虽然它们用起来很方便，但是有些洗涤剂里有一些化学成分，经常使用会影响身体健康，更严重的可能会污染环境。你们调查的天然洗涤剂有哪些？请你们来介绍一下。

◆ 小结：我们生活中有许多天然的洗涤剂，它们不但可以把很难洗的污渍轻松去除，而且不会污染环境，请你们回家以后把今天认识的天然洗涤剂和爸爸妈妈分享一下。

活动延伸

★ 尝试用天然洗涤剂来清洗合适的生活用具。

★ 探索生活中更多的天然洗涤剂，了解它们的功能。

活动反思

《纲要》指出，幼儿的语言能力是在交流和运用中发展起来的，小组交流的方式能够为幼儿创设一个自由、轻松的语言交往环境。在活动中，教师要让幼儿自主记录，充分动手、动脑，有书面表达的愿望和初步技能。

（张晓鹭）

方案 39：各种各样的肥皂（中班科学）

活动目标

1. 认识肥皂，了解不同种类的肥皂的基本特征及功效。
2. 鼓励幼儿用多种感官探索、辨别不同肥皂之间的差异，并学会大胆表达自己探索的过程和结果。
3. 了解肥皂在人类生活中有着重要的作用，培养幼儿用肥皂洗手的良好习惯。

活动准备

1. PPT 课件、神秘盒子（盒内有不同种类的肥皂，如香皂、洗衣皂、硫黄皂等）、待洗的衣服和毛绒玩具、脸盆。
2. 经验准备：幼儿对肥皂有一定了解。

活动过程

1. 认识肥皂，了解肥皂的由来。

◆ 师：小朋友们好，今天老师带来了一个神秘的盒子，盒子里有一样东西，你们想知道是什么吗？（猜一猜，引发幼儿对活动的兴趣）

◆ 师：除了打开盒子看一看，小朋友们还有什么办法能知道里面是什么吗？（让幼儿猜一猜、摸一摸、闻一闻）

◆ 师：原来是肥皂宝宝，让我们把肥皂宝宝请出来好吗？（邀请一位幼儿把神秘盒子里的肥皂拿出来）

（指导要点：教师利用神秘盒子来调动幼儿活动的积极性，激发幼儿认识了解肥皂的兴趣。）

◆ 师：你们知道最早的肥皂是怎么来的吗？（古时候的肥皂都是由皂角做成的）

2. 感知肥皂。

◆ 师：你们看，我们的洗涤中心里有很多种肥皂，让我们看看它们是谁。（出示不同种类的肥皂，如香皂、硫黄皂、洗衣皂等）

◆ 师：这么多肥皂，请你们挑一块你们最喜欢的肥皂，拿在手中看一看、摸一摸、闻一闻，说说你的肥皂是什么样子的，它有什么功效。（请幼儿先与同组的小朋友进行探讨，再在全班面前分享交流自己探索的结果）

（指导要点：幼儿通过看、摸、闻来进一步了解肥皂，知道肥皂有各种颜色，有不同的形状，闻起来的味道也是不同的。）

3. 再识肥皂。

◆ 出示活动PPT,认识一些新式肥皂,进一步了解肥皂给人们生活带来的方便。

◆ 幼儿看课件,了解卡通果冻肥皂、棒棒糖肥皂、不锈钢肥皂、竹炭肥皂等。

◆ 师:小朋友们在哪些地方见过这些肥皂?肥皂是用来干什么的?我们在什么时候需要用到肥皂?(饭前便后、手脏的时候、洗澡洗衣服的时候等需要用到肥皂)

(指导要点:幼儿通过了解不同种类的肥皂,知道现在的肥皂不仅有美观的外表,而且用起来很方便,肥皂也不仅仅是用来洗涤衣服的,还可以起到杀菌消毒的作用,所以说肥皂对人们的生活有很大作用。)

4. 探究肥皂。

(1) 肥皂遇水小实验。

◆ 师:肥皂有一个好朋友,它们经常在一起做游戏,你们知道是谁吗?(水)

◆ 师:小朋友们真聪明,那么我们现在就来看看肥皂在水里会发生什么变化。(每组准备一个装有水的脸盆,肥皂若干,让幼儿尝试将肥皂放在水中,并用手去触摸肥皂)

(指导要点:引导幼儿发现在水中玩肥皂的小秘密——手会变得很滑,手搓一搓会产生泡沫,泡沫能溶解在水中,手会变得干净,而盆里的水会变脏。从而让幼儿了解到洗手的重要性。)

(2) 肥皂洗衣小实验。

◆ 师:既然肥皂能把我们的小手洗干净,那如果将肥皂涂在衣物上,会发生什么变化呢?(将待洗的衣物发给幼儿,引导幼儿在打湿的衣物上涂上肥皂,并用双手揉搓)

（指导要点：引导幼儿大胆阐述自己的观点。用手揉搓衣物会产生泡沫，泡沫能溶于水，脏的衣物会变得干净。）

活动延伸

★ 吹泡泡游戏：自制肥皂水，让幼儿在草地上玩吹泡泡的游戏。鼓励幼儿发现用肥皂水做的泡泡在阳光下会发生什么变化。

活动反思

肥皂是幼儿日常生活中常见的一种物品，是幼儿触手可及的物品。本次活动中，通过操作、尝试、体验等方式，教师引导幼儿看一看、摸一摸、闻一闻、搓一搓、说一说，让幼儿了解到肥皂的外形特征和它的用途，也让幼儿了解到肥皂在我们生活中有着举足轻重的作用。

在活动中，教师利用神秘盒子来调动幼儿的好奇心和积极性，利用实物肥皂来增强活动的真实性，利用PPT课件来增加活动的趣味性，最后利用实验来调动活动的操作积极性。活动过程层层深入，让幼儿在实际操作、亲身体验、直接感知中更加深入地了解肥皂。

本次活动不仅培养了幼儿的观察力、语言表达能力、实际操作能力，同时也让幼儿养成了良好的卫生习惯，建立了良好的卫生保健常识，促进了幼儿身心的共同发展。

（张文芳）

方案40：生活中的刷子（中班科学）

活动目标

1. 运用多种感官主动探索，了解刷子的不同名称、外形特征及用途。
2. 探究正确使用刷子的方法。
3. 对生活中的小工具产生兴趣，体验工具给人们生活带来的便利。

活动准备

1. 物质准备：发动幼儿和家长共同收集各种各样的刷子，如牙刷、毛刷、海绵刷、竹刷等，做好标记的筐若干个。
2. 经验准备：幼儿观看过刷子使用的相关视频。

活动过程

1. 创设情境(激发幼儿的探索欲望)。

- 师:小朋友们,兔妈妈的刷子店今天开张了,让我们一起去看一看有哪些刷子。
- 师:小朋友们,我们去参观的时候,要有秩序,安静一点,不然兔妈妈会不高兴的。
- 师:哇,刷子店到了,请小朋友们选一种自己喜欢的刷子,看一看,摸一摸,说一说这些刷子都是用什么做的,刷子的外形是什么样子的。(有的刷子上面是柄,下面是软软的毛;有的刷柄下面的毛是硬硬的;有的刷柄下面是海绵;等等)

2. 通过比较、操作,了解不同刷子的名称、外形特征及用途。

- 师:今天这里有位茜茜公主要去参加舞会了,我们一起来把她打扮得漂漂亮亮的。
- 师:谁先来给她化化妆?到兔妈妈的刷子店去选一把刷子。(幼儿操作)
- 师:小朋友你真能干,公主说这把刷子刷在脸上软软的真舒服,你知道这叫什么刷子吗?(化妆刷)
- 师:看,茜茜公主的衣服上还有灰尘呢,谁来帮她刷干净?(幼儿操作)
- 师:它和刚刚这把化妆刷有什么不同?(这把刷子的柄长长的,刷毛有点硬)
- 师:你知道这把刷子叫什么名字?(它有一个好听的名字叫掸尘刷,它是专门刷灰尘的)它还能刷哪里?(玻璃、床、墙、桌子等)
- 师:谁来把茜茜公主的皮鞋擦擦亮?(幼儿操作)
- 师:你为什么选这把刷子?它有一个好听的名字叫鞋刷,鞋刷有一个手柄,刷毛有点硬。
- 师:刚才我们给茜茜公主打扮好了,茜茜公主很满意,她说:谢谢你们,中六班的小朋友,再见,我去参加舞会了。

(指导要点:教师以故事情境贯穿整个环节,以给茜茜公主打扮为由,引出各式各样的刷子,要注意每引导一个新的刷子,要让幼儿学会通过观察、比较,说一说每个刷子的特征、与前面的刷子有什么不同。)

3. 联系生活经验,探索刷子的正确使用方法。

- 师:平时你们还见过哪些刷子?它们有什么用?
- 教师总结常见刷子的用途:板刷可以洗衣服、洗布鞋、洗牛仔裤等;鞋刷可以把皮鞋刷得又亮又干净;掸尘刷可以刷床上、衣服上、玻璃上的灰尘;杯刷可以刷洗杯子里的脏物;等等。我们要学会各种常见刷子的正确使用方法。

(指导要点:在科学探索活动中让幼儿去感受丰富而有趣的探究过程和多种多样的探究方法,从而让幼儿体验"发现"的乐趣,也发展了幼儿初步的探究能力,学会了刷子的正确使用方法。)

◆ 师：今天我们在兔妈妈的店里认识了各种各样的刷子，刷子给我们的生活带来了便利，它们可以帮我们做许多事，在兔妈妈店里拿一把你喜欢的刷子去试一试吧！

4. 游戏：送刷子回家。

◆ 师：刚才小朋友们做了很多事情，都累了，我们来休息一会儿。（幼儿回到座位）

◆ 师：谁来告诉老师你用什么刷子做了什么事情？（幼儿讲述）

◆ 师：兔妈妈还等着卖刷子呢，我们赶快把刷子送回去吧！不过兔妈妈有个要求，放的时候要按标记分类摆放整齐。（幼儿一组一组上来把刷子送到相应的标记筐）

活动延伸

★ 将一些常见刷子放在生活区，供幼儿体验生活与劳动。

★ 在角色区开设一个刷子店铺，感兴趣的幼儿可以进行买卖。

★ 在美工区放置不同刷子的图片与功能介绍，幼儿可以进行刷子绘画与设计。

活动反思

刷子是日常生活中的常见物品，能为我们的生活提供很多帮助，而现在的幼儿，由于父母长辈包办代替，缺乏认识、操作、使用这些常见生活用品的机会，因此这次活动不仅让幼儿较详细地了解不同刷子的名称、外形特征及用途，也让他们学会了通过观察、比较探究不同刷子的正确使用方法，并且让幼儿亲身体验了怎么使用刷子。最后的体验环节是整个活动的高潮，因为平时触碰刷子的机会不多，所以在"刷"这个过程中幼儿都表现得极其认真与专注。该活动让幼儿对生活中的小工具产生了兴趣，也让幼儿体验到了工具给人们生活带来的便利。

（吴 瑛）

方案41：猫咪家的洗衣房（小班数学）

活动目标

1. 能按照颜色、花纹对绘本中的衣物进行分类。

2. 能感知绘本中服装的颜色、样式、花纹的不同，并用自己的语言说出来。

3. 愿意分享自己的成果，喜欢进行分类。

活动准备

1. 物质准备:绘本《猫咪家的洗衣店》、表格、印有绘本中衣服的图片、胶棒。
2. 经验准备:幼儿认识部分颜色,知道衣服的样子。

活动过程

1. 情景导入,激发兴趣。

(1) 教师展示绘本封面。

◆ 师:小朋友们,今天我们的好朋友猫咪斑点和小白寄来了一张照片,让我们一起看看吧!你们看到了什么?

(2) 教师请个别幼儿说一说自己看到了什么。

◆ 师:小朋友们的眼睛可真尖啊!其实两只小猫咪开了一家洗衣房,帮助大家清洗衣服。今天的洗衣房可真热闹,洗了许许多多的衣服。但是斑点和小白遇到难题了,小朋友们愿意帮一帮它们吗?

2. 讲述绘本部分情节,初步按颜色、花纹和衣裤进行分类。

◆ 师:小朋友们,我们先一起数一数它们一共洗了几件衣服。你看到了什么样的衣服?(教师引导幼儿观察衣服的样子)

◆ 总结:这里一共有8件衣服,有红色的和黄色的,有的衣服上有很多线条,有的是一点一点的,有裤子也有上衣。

(1) 教师根据绘本内容引出问题:将衣服按颜色进行分类。

◆ 师:小朋友们,两只小猫咪把衣服全都堆在了一个大大的篮子里,乱七八糟的,根本找不到想要的衣服。你们有什么好办法?斑点想出来一个好主意,它们要先将衣服按照颜色进行分类!你们想不想跟它们一起来试试?

(指导要点:教师在请幼儿按照颜色进行操作时先对幼儿进行提问,你觉得可以怎么办?开拓幼儿的思维,引导幼儿思考,发展解决问题的能力。)

(2) 教师请两个幼儿上前操作。

◆ 师:你们觉得他们做得对吗?给他们一点掌声好不好?

◆ 师:除了按照颜色分,这些衣服还可以怎么分呢?我们的斑点又说话了,我们还可以按照条纹衣服和波点衣服进行分类。这可有点难度了,让我们来试试看吧!

(指导要点:按照花纹分类要比按照颜色分类更有难度,幼儿进行分类前可以先一起看一看这些衣服上的花纹都是什么样的,再进行分类。)

(3) 教师请两个幼儿上前操作。

◆ 师:刚才小朋友们都帮助小猫咪们解决了问题,但是除了颜色和花纹,还有一种分类方式——将上衣和裤子分开来,你们想不想试试看?

3. 讲述绘本后续内容,深入学习分类。

◆ 师:小朋友们可真棒,都分对了!你看这是谁来了?我们的兔子先生来了,它想要拿回自己在这里洗的条纹上衣和圆点裤子。你们可以帮助它吗?

◆ 幼儿自行讨论,教师巡回指导。

◆ 师:刚才讨论的声音真热烈,小朋友们肯定都有自己的好方法了!有没有小朋友愿意说一说你的办法,并帮助兔子先生呢?

(指导要点:请幼儿进行讨论后再分享,一方面发展了幼儿社会性交往和表达的能力,另一方面引导幼儿先进行思考再分享自己的想法,有计划地进行分类。)

◆ 小结:可以按照花纹,先将条纹衣服和圆点衣服进行分类,再从衣服中找出上衣和裤子;也可以先将衣服按上衣和裤子进行分类,再找出有条纹的上衣和圆点的裤子。

4. 自主操作,反复练习。

◆ 师:可是,除了兔子先生,还有很多的小动物想要请小朋友们帮它们找到自己的衣服,你们还愿意帮助它们吗?

◆ 教师讲述如何完成表格,按照小动物们的条件,将符合的衣服的图片用胶棒粘贴到表格里。

◆ 幼儿自主操作,教师巡回指导。

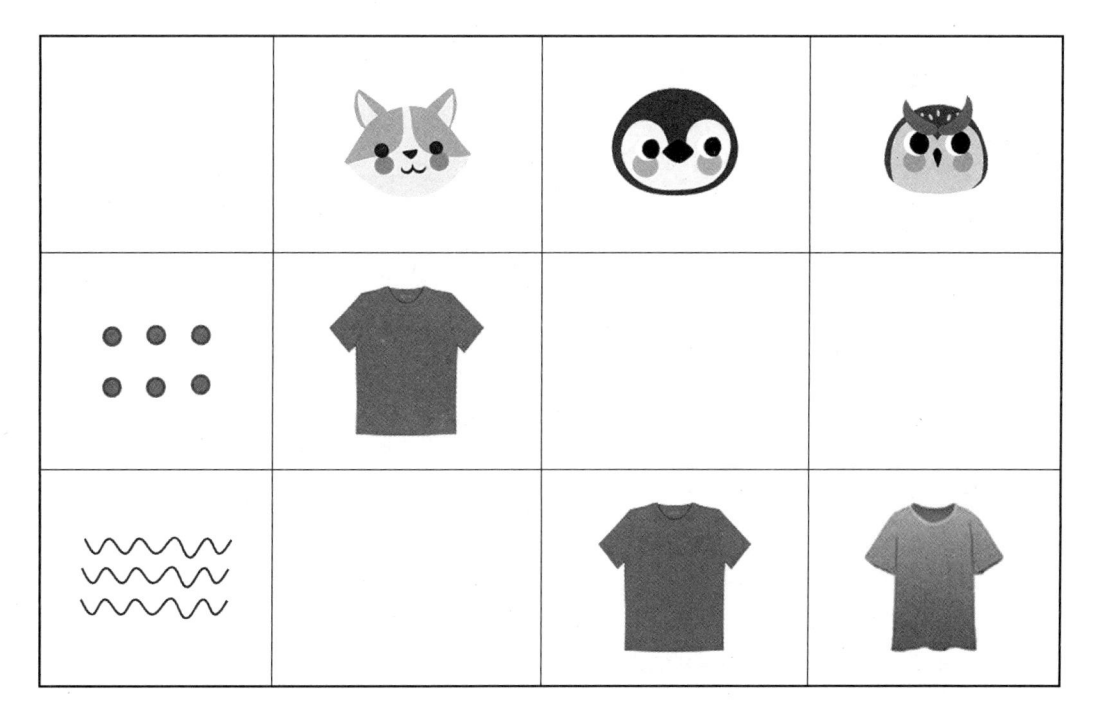

活动延伸

★ 将绘本投放到阅读区,供幼儿自由阅读。

★ 将幼儿完成的表格布置在主题墙中。

★ 进一步在区域中投放与分类相关的教玩具,引导幼儿持续练习分类。

活动反思

本次活动的重难点是引导幼儿尝试分类。在活动中我们发现,在颜色与衣服的分类上,所有的幼儿都能够进行分类,但在花纹这一方面,有个别的幼儿会错误分类,需要教师进行个别指导。

在讲述绘本的时候,因为绘本是可操作的绘本,所以幼儿都很感兴趣,都想动手尝试,导致在常规方面有所欠缺。在后续的自主操作的部分,虽然在操作前教师事先给幼儿讲述了如何完成表格,但是还是有不少的幼儿对于如何完成表格不清楚。可能是表格内容不够清晰,需要进一步改进,才能更符合幼儿的年龄特征。

(殳可清)

方案42:老奶奶洗出三个谜(小班语言)

活动目标

1. 喜欢猜谜,学说短句:"泡沫越洗越多、肥皂越洗越小、水越洗越脏"。
2. 认识肥皂并感知肥皂的特点和功能。

活动准备

1. 物质准备:故事PPT、肥皂和水盆。
2. 经验准备:幼儿看过洗衣的场景。

活动过程

1. 图片导入,引出谈话。

◆ 师:图片上有谁?她在干什么?(老奶奶在洗衣服)

◆ 师:小朋友,你会洗衣服吗?怎么洗的?做动作给我们看一看。

- ◆ 小结:洗衣服的时候小手要搓一搓,我们一起来洗一洗。(引导幼儿做动作)
- ◆ 师:洗衣服的时候老奶奶用到了什么?(肥皂)
- ◆ 师:(出示肥皂)小眼睛看看肥皂是什么样子的?闻闻看它有什么味道?小手摸一摸有什么感觉?
- ◆ 小结:洗衣服的时候老奶奶用了肥皂、洗衣粉和洗衣液才能把衣服洗得干干净净。
- ◆ 师:再看看老奶奶身边还有谁?(狗老大、猫老二、嘻嘻兔老三)我们来和它们打个招呼。

2. 听故事,学说谜语并猜谜。

- ◆ 师:老奶奶一边洗衣服一边还洗出了三个谜语,下面我们一起听故事《老奶奶洗出三个谜》,听听她洗出了什么谜语。

(1) 谜语一:什么东西越洗越多?

- ◆ 师:老奶奶洗出的第一个谜语是什么?(什么东西越洗越多?)
- ◆ 师:你会说这个谜语吗?请你来问一问狗老大。
- ◆ 师:狗老大猜不出,想请小朋友帮忙猜。你猜出来了吗?你是怎么知道的?

(指导要点:若幼儿不能猜出谜底,教师可引导幼儿回想老奶奶洗衣服的时候用到了什么,什么东西会越洗越多呢?)

- ◆ 小结:洗衣服的时候,老奶奶用的是肥皂。(教师现场操作)你们看,肥皂泡沫会越洗越多。

(2) 谜语二:什么东西越洗越小?

- ◆ 师:老奶奶洗出的第二个谜语是什么?(什么东西越洗越小?)
- ◆ 师:我们一起来问一问猫老二,什么东西越洗越小?
- ◆ 师:猫老二说太难了,想问问小朋友们猜到了吗?
- ◆ 小结:洗衣服的时候肥皂会遇到水,看看刚才老师放在水里的肥皂变大了还是变小了?(变小了)因为肥皂遇到水会溶解。

(3) 谜语三:什么东西越洗越脏?

- ◆ 师:老奶奶洗出的第三个谜语是什么?(什么东西越洗越脏?)
- ◆ 师:谁来问一问嘻嘻兔?
- ◆ 师:嘻嘻兔说小朋友们太聪明,一定能猜到。谁来猜一猜什么东西越洗越脏?你是怎么猜出来的?

(指导要点:若幼儿不能回答,教师可引导幼儿思考:老奶奶用肥皂洗过脏衣服的水是什么颜色的?)

- ◆ 小结:嘻嘻兔要夸夸小朋友们,都猜到了"水越洗越脏",因为肥皂可以去除衣服上的脏东西,脏东西被洗到水里去了,水就变脏了。

3. 一问一答来猜谜。

◆ 师：现在老师想考考大家，我来问这三个谜语，小朋友们一起回答。

◆ 师：你还可以和旁边的小朋友玩一玩这个猜谜游戏，你来问，他来猜。

（指导要点：引导幼儿用"什么东西越洗越多"的方式提问，用"泡沫越洗越多"的方式回答。）

4. 完整欣赏故事。

◆ 师：这个故事真有趣，我们再来仔细听一听，回家讲给爸爸妈妈听，好吗？

活动延伸

★ 这个故事蕴含着肥皂溶解的科学知识和洗涤的相关经验，所以在本次活动后可开展"肥皂的溶解"或"洗涤用品的溶解"科学活动，引导幼儿探究溶解的现象，丰富科学知识。

★ 带领幼儿展开"清洗衣服"的洗涤活动，在实际操作中感知洗涤用品的特性，获得洗涤相关经验，同时锻炼劳动技能。

活动反思

《老奶奶洗出三个谜》虽然是个简短的小故事，但是它蕴含着一定的洗涤常识和科学知识。《指南》中指出："应为幼儿创设自由、宽松的语言交往环境，鼓励和支持幼儿与成人、同伴交流，让幼儿想说、敢说、喜欢说并能得到积极回应。"因此教师以故事情节贯穿各个环节激发幼儿的兴趣，以小班幼儿感兴趣的猜谜让他们学会说"泡沫越洗越多、肥皂越洗越小、水越洗越脏"等短句，进一步发展幼儿的语言表达能力。同时，现场通过肥皂小实验来验证谜底，能让幼儿多感官感知肥皂的特性，知道肥皂能产生泡沫、肥皂在水中会溶解、肥皂能把衣服洗干净，从而提升原有经验。

（孙　婧）

方案43：什么都要洗干净（大班语言）

活动目标

1. 理解绘本内容，知道不只衣服，很多东西都需要清洗。
2. 能用彩色笔画出自己清洗物品的画面，并能说出自己画作的内容。

3. 喜欢清洗，知道清洗是很重要的事。

活动准备

1. 物质准备：绘本PPT、展示板、绘本中出现的需要清洗的东西的贴画、彩色笔、纸。
2. 经验准备：教师提前与家长沟通，请家长引导幼儿自己洗一洗袜子、衣物等。

活动过程

1. 生活经验导入，激发兴趣。
- 师：小朋友们，昨天你们在家里有没有自己洗袜子、洗衣服呀？有没有小朋友愿意分享自己的洗衣经历呢？
- 教师请个别幼儿分享自己的经历。
2. 引入绘本内容，理解绘本内容。
- 师：小朋友们都很棒！自己洗衣服真是一件有趣的事情！今天有一位叫小建的小朋友，他也跟大家一样，清洗了东西。大家猜猜看，他洗的是什么东西？也是袜子或者衣服吗？

（指导要点：在观察绘本封面前先向幼儿进行提问，猜测小建可能清洗的物品，拓展幼儿的思维，使幼儿的思维不仅限于"清洗衣物"，从而更好地引入绘本内容。）

- 教师出示绘本《什么都要洗干净》的封面，引导幼儿观察。
- 师：小朋友们看到了什么？他们好像在清洗什么？他们手里拿了什么东西呢？
- 小结：小建和一个叔叔拿着两根很长的拖把，好像在清洗一架大飞机。
3. 教师完整讲述绘本，幼儿理解绘本内容。
- 师：小建为什么要洗飞机？他真的在洗飞机吗？小朋友们想不想一起来看一看？
- 教师一边出示绘本PPT，一边绘声绘色地讲述绘本内容。
- 师：你们听到了什么？绘本里面有好多的东西都需要清洗，有哪些呢？它们需要怎样清洗呢？
- 教师请幼儿回忆在绘本中听到的需要清洗的东西，并将幼儿回答的内容的贴画贴在展示板上。

（指导要点：在幼儿回忆绘本内容时，教师将他们回答的内容用贴画图谱的方式展示在展示板上，引导幼儿更好地进行记忆，这样更容易理解绘本的内容。）

- 小结：在绘本中有很多的东西都需要清洗，有自行车、汽车、大马路、电车、高大的楼房还有飞机。它们都有不同的清洗方式，但是都需要用水进行清洗；像电车、飞机这样很大很大的东西需要很多工人叔叔辛苦地进行清洗。

4. 结合实际生活，拓展洗涤知识，知道洗涤的重要性。

◆ 师：小朋友们，除了刚才看到的这些，你们还见过什么东西是要清洗的呢？可以先和身边的小朋友讨论一下，说一说你的经历。

◆ 教师引导幼儿进行讨论，巡回指导。

◆ 师：有没有小朋友愿意上来分享自己的经历呢？

◆ 师：其实，我们清洗物品，就像给这些物品洗了个澡一样。有没有小朋友知道，我们为什么对这些东西进行清洗呢？如果我们不清洗，会发生什么呢？

◆ 小结：一样物品很久不清洗，就会沾上细菌和灰尘。而细菌和灰尘会对我们的身体产生影响，使我们容易生病。且有些物品如自行车、飞机等，如果上面的脏东西太多就会影响使用，甚至可能会发生危险，所以要及时清洗。

5. 运用彩笔，为你想清洗的东西制订计划。

◆ 师：原来我们的清洗这么重要，小朋友们想不想也来清洗东西呢？首先，我们要制订我们的清洗小计划！有没有小朋友愿意来说一说你的想法？

◆ 教师请个别幼儿分享自己的想法。

◆ 师：老师这里有一张小表格，有4个小格子，标注了1、2、3、4，1和2是你想用到的工具；3是你想清洗的物品；4是画一画你想清洗的方法，可以像绘本里一样用机器清洗，也可以手动清洗。请小朋友使用手边的彩色笔，将你的计划画下来吧！

◆ 幼儿自主绘画，教师巡回指导。

清洗计划表	
1	2
3	4

活动延伸

★ 将绘本投放到阅读区，供幼儿自己阅读。

★ 继续引导幼儿完成自己的计划,包括实施计划的时间、具体实施的方法,出现的问题及解决办法等。

★ 组织幼儿集体清洗班级中的玩具,体验清洗物品的快乐与成就感。

活动反思

这本绘本描述了许多需要清洗的东西,幼儿都十分感兴趣。在我们日常生活中,大部分的幼儿对于清洗的认识仅限于清洗衣裤、鞋袜等一些布制品,却没有想到像电车、飞机、大楼这样的东西也都需要清洁。通过这本绘本,幼儿对于"洗涤"又有了新的认识。

在活动的过程中,幼儿的注意力还是很集中的,包括在最后的制订小计划的环节。但是在这个环节中我们发现,很多幼儿都计划想要洗飞机、楼房等。这样的计划在后续是很难实现的,需要引导幼儿知道这样的想法是非常不错的,但是对我们小朋友来说有一定的困难,可以等长大了再实施;现在可以计划清洗一些飞机的玩具或者搭楼房用的积木等。

(殳可清)

方案44:14只老鼠洗衣服(中班语言)

活动目标

1. 能根据绘本《14只老鼠洗衣服》中的图片,用自己的语言大致说出故事的情节。
2. 认识一些用来洗衣服的工具,从绘本中了解洗衣服的过程,包括浸泡、搓洗、晒干等工作。
3. 愿意表达自己的想法,喜欢并认识到洗衣服的重要性。

活动准备

1. 物质准备:绘本《14只老鼠洗衣服》PPT。
2. 经验准备:幼儿知道晴天是洗衣服的好日子,有自己洗衣服的经历。

活动过程

1. 情境导入,激发兴趣。

◆ 师:小朋友们好,今天的天气可真好,太阳暖洋洋的。我们的好朋友小老鼠有一件非常重要的事情要做,你们猜猜看是什么。
- ◆ 教师请个别幼儿进行猜测。
- ◆ 师:小朋友们说得都很有道理,真是有想象力!那让我们来看看小老鼠到底要做什么吧!

2. 完整讲述绘本,初步理解故事内容。

(1) 引导幼儿观察绘本封面和封底,说一说看到了什么。
- ◆ 师:小朋友们,你们看,这里面都有谁?它们都在干什么?
- ◆ 小结:有老鼠爸爸、老鼠妈妈、老鼠爷爷、老鼠奶奶和小老鼠们,是老鼠一家人。它们在小河边上洗衣服。

(2) 播放PPT,教师完整讲述绘本。
- ◆ 师:小朋友们,让我们跟着小老鼠一起去看看吧!
- ◆ 教师一边出示绘本图片,一边讲述故事。
- ◆ 师:故事讲完了。你们听到了什么?
- ◆ 教师请个别幼儿说一说自己的想法。
- ◆ 小结:今天是一个好天气,小老鼠一家14口一起出动,把家里的衬衫、裤子、床单、睡衣全都拿了出来,一起运到河边去洗衣服。它们合作洗衣服,有的把衣服浸湿,有的把衣服拍得啪啪响,有的两个人一起拧衣服,有的一起洗床单……在洗衣服的过程中,小老鼠们还救起了一只差点被冲走的小青蛙。最后,大家一起把洗好的衣服晾在了树枝上。

(3) 深入观察绘本图片,认识故事中出现的一些洗衣工具。

(指导要点:这本绘本的图片中包含了很多小细节,教师在幼儿进行观察时可以稍做提示,引导幼儿重点观察某些部分,并告诉幼儿这些洗衣工具的正确名称。)

- ◆ 师:小朋友们,老师发现,小老鼠虽然是一起洗衣服的,但是它们用的工具好像不太一样。小朋友仔细观察一下,它们用的洗衣工具都有哪些呢?
- ◆ 教师请幼儿仔细观察图片。
- ◆ 小结:洗衣工具有篮子、木桶、木棍、搓衣板,还有直接用手洗的。

3. 出示部分绘本图片,尝试根据图片复述故事情节。
- ◆ 师:小老鼠们把衣服洗得干干净净,但是它们到底是怎么洗衣服的呢?老师有点不太清楚,哪个小朋友愿意再给大家说一说?
- ◆ 教师出示部分图片,引导幼儿大胆用自己的话描述图片。

(指导要点:在幼儿根据图片进行复述后教师可以再次复述幼儿的讲述,给予幼儿鼓励和表扬,引导其他幼儿也踊跃举手进行发言,或是可以先小组互相说一说,再个别进行发言。)

图片1：小老鼠一家人拿着需要清洗的衣物来到了小河边。

图片2：它们有的在小河里浸湿衣服，有的在木桶里洗衣服，有的在搓衣板上搓衣服。

图片3：有两只小老鼠在一起拧衣服，有四只小老鼠在一起合作洗一条大大的床单；老鼠妈妈在教旁边的小老鼠怎么才能将洗好的衣服拧干，它们都在勤快地洗衣劳动。

图片4：小老鼠们将洗好的衣服和床单都晾到了树枝间，让阳光将衣服晒干。

4. 结合生活经验，说一说自己洗衣服的经历，认识洗衣服的重要性。

◆ 师：小朋友们，你们洗过衣服吗？你们洗衣服的方式是不是和小老鼠一样？如果不一样，你们是怎么洗衣服的呢？

（指导要点：教师注意引导幼儿尽可能细致地回想自己洗衣服的过程，以便和小老鼠洗衣服的方式进行对比，发现不同，引发幼儿思考。）

◆ 教师请幼儿说一说自己洗衣服的经历。

◆ 师：小朋友们，你们觉得，我们为什么要洗衣服呢？

◆ 师：你们觉得洗衣服重要吗？为什么？

◆ 小结：洗衣服非常重要，它可以把衣服上的脏东西、细菌都洗掉，让我们都穿上干干净净、漂漂亮亮的衣服。

活动延伸

★ 将绘本投放到阅读区，供幼儿自己阅读。

★ 将绘本中的小老鼠头像制作成头饰，投放到表演区。

★ 与家长进行沟通，请家长为幼儿丰富更多有关洗衣服的工具、方式及洗衣服的技巧等经验。

活动反思

本次活动是在教室里进行的集体活动，通过绘本的讲述，一方面可以培养幼儿看图说话的能力，以及他们对故事的记忆能力；另一方面也可以发展他们对于洗涤的兴趣，更多地了解洗涤的步骤等，从而更加深入地认识"洗涤"这项活动。

在活动过程中，幼儿看图说话的能力是有的，他们能够记住教师的讲述，但这在一定程度上限制了幼儿想象力的发展，不能更好地促进幼儿看图说话的能力。教师可以将这一部分安排在完整讲述前，引导幼儿猜测、假设故事的发展，或是请他们相互讨论故事的情节。

（徐国珍）

方案45：洗来洗去（大班语言）

活动目标

1. 欣赏富有童趣的绘本画面，感知了解洗澡的历史和文化。
2. 能够说一说人们利用皂角树果实制作皂团的方法，并大胆尝试制作皂角液。
3. 体验阅读想象和动手操作的乐趣，养成干净卫生的好习惯。

活动准备

1. 物质准备：绘本《洗来洗去》课件，成熟的皂角若干，研磨工具若干套，清水，需要清洗的玩偶熊等。
2. 经验准备：幼儿有关于皂角树的外形、用途等前期经验。

活动过程

1. 出示绘本的封面图片，引出活动主题，激发幼儿的阅读兴趣。

◆ 教师出示绘本《洗来洗去》课件，引导幼儿观察图书封面。

◆ 师：小朋友们，今天老师带来了一个好听的绘本故事，先让我们一起来欣赏一下这本绘本的封面吧！你们都看到了什么？（好多人在洗澡）

◆ 师：图片中描绘的是一个澡堂，里面有人在搓背，有人在拔罐，还有人在泡澡、修脚……所以，这是一本关于洗澡的书，它的名字叫《洗来洗去》。

◆ 师：小朋友们，你们喜欢洗澡吗？你们通常是怎么洗澡的呢？

◆ 师：我们现在生活条件很好，有各种各样的沐浴产品，比如肥皂、沐浴露、沐浴盐等，那么在条件并不发达的古代，人们是用什么洗澡的呢？让我们一起走进绘本去看看吧！

2. 幼儿欣赏绘本《洗来洗去》的课件，初步了解故事内容。

（1）教师播放课件第1—2页，利用游戏引导幼儿感知香皂的去污原理。

◆ 师：小朋友们，香皂是怎样去除污渍的呢？

◆ 师：小小的香皂居然这么厉害！香皂里的小分子和水可以把脏东西吸住，搓搓搓就会变成泡泡，再用水一冲，脏东西就统统不见啦。我们快快加入健康保卫战游戏，把脏东西统统消灭掉吧！

（2）教师播放课件第3页，引导幼儿体验在没有香皂的古代洗澡是多么的不方便。

◆ 师:在没有香皂的古代,人们怎么洗澡呢?都会遇到哪些麻烦?

◆ 师:原来在没有香皂的古代,想要洗去身上污渍是真的很不容易呀。在河里洗(可能有生命危险)、在大雨中洗澡(容易感冒)、烧水洗(太烫)、将黄泥巴涂抹在油污上再进行揉搓冲洗(臭臭的会有虫子)……我们继续往下看,看看聪明的古代人是怎么解决这一难题的。

(3)教师播放课件第4—7页,感知聪明的古代人是如何利用各种材料制作清洁用品的(肥皂的前身),引导幼儿发现、总结这些清洁用品的不足。

◆ 师:后来人们发现了哪些方式来清洁身体呢?

◆ 师:古代人真是聪明,善于利用各种资源制作清洁用品,极大地改善了洗澡的条件。那么,这些清洁产品有没有什么不足的地方呢?

◆ 师:原来有些清洁用品还存在着一些小缺陷,那么,聪明的古代人又会如何克服这些小缺陷呢?

(4)教师播放课件第8页,引导幼儿感知了解古代人改进清洁用品的方法。

◆ 师:随着人们对于洗澡的要求越来越高,东西也越做越细致,他们是怎么改进这些清洁用品的呢?

(5)教师播放课件第9—12页,引导幼儿了解一些洗澡的历史和文化。

◆ 师:你了解到哪些洗澡的历史和文化呢?

◆ 师:洗澡会让人们健康、舒服、快乐……而在不同的地区,人们洗澡的方式也会有所差别,例如江浙一些地方的人们会坐在大锅里洗澡,水凉了就添柴烧水继续洗,有些地方的人们则喜欢去澡堂之类的地方,一边洗一边和人聊天,好不热闹。

(6)教师播放课件第13—14页,引导幼儿了解多种洗澡方式。

◆ 师:我们现在有多种多样的洗澡方式,你们知道哪些?

3. 创设情境,引导幼儿利用皂角液帮助豆豆清洁身体赶跑细菌。

◆ 教师创设情境,引导幼儿思考小熊豆豆生病的原因。

◆ 师:有一只非常可爱的小熊,它的名字叫豆豆。豆豆怎么了?(生病了)

◆ 师:为什么豆豆会生病呢?(出示小熊的生活细节图片,引导幼儿说出:豆豆一点儿也不爱干净,妈妈平时说它它也不听。妈妈不在家它更加不知道讲卫生,几天不洗手洗头洗澡,细菌跟着食物都吃进肚子里,身上散发出了不好闻的味道……)

◆ 师:你有什么想对小熊说的吗?(引导幼儿结合绘本思考帮助豆豆的办法,尝试制作皂角液)

- 师:妈妈不在,你们愿意照顾生病的小熊吗? 你们有什么好办法能让小熊快快好起来?(洗洗干净)
- 师:是个好主意。老师带来了一样东西或许可以帮助到你们。(皂角)
- 师:如绘本中所说,皂角液具有清洁作用,小朋友们,你们想不想尝试做一做皂角液呢?

3. 制作皂角液,帮助小熊清洁身体。

- 师:桌上除了皂角,还有哪些东西呢? 它们有什么用?
- 幼:可以用这个罐子和棒子把皂角捣碎;捣碎之后需要加水变成液体。

(指导要点:幼儿佩戴好护具后开始操作,教师巡视根据情况进行指导。)

- 师:你们成功制作出了皂角液,老师真为你们高兴! 现在我们一起帮助豆豆清洁身体吧!

(指导要点:幼儿把玩偶熊放进自制的皂角液中进行搓洗。)

- 教师总结,鼓励幼儿养成干净卫生的好习惯。
- 师:小朋友们,我们今天分享了一个好听的故事《洗来洗去》,我们一起了解了洗澡的历史和文化,还学会了如何制作皂角液帮助小熊豆豆清洁身体,你们真棒! 我们小朋友平时也不能偷懒,要爱干净讲卫生,不然也会像豆豆一样生病。

活动延伸

★ 幼儿的生活习惯不是一朝一夕就能快速养成的,需在一日生活各个环节,利用多种形式对幼儿进行提示或指导,使幼儿在实践体验中养成好的卫生习惯。同时,家庭的配合也非常重要,可以利用家长资源,引导幼儿在家独立做一些力所能及的事情,进一步培养孩子的生活自理能力,养成良好的卫生生活习惯。

活动反思

《洗来洗去》这本绘本用幼儿易于接受的方式讲述了洗澡的历史,画风和内容都非常富有童趣。幼儿教育要追随幼儿的兴趣和生活经验,通过封面引出"洗澡"这一主题,这是幼儿熟悉的话题,因此在活动中他们能够很好地与自己的生活经验相联动,积极地投入活动过程并充分探索、交往与表现。

(陆嘉玲)

方案46：自制袜子收纳盒（大班美术）

活动目标

1. 探索制作袜子收纳盒的方法。
2. 培养幼儿的动手操作能力，发展幼儿的观察力、想象力。
3. 体验手工制作的乐趣，在活动中大胆创造并分享与同伴合作成功的体验。

活动准备

1. 物质准备：多媒体课件、鞋盒、硬纸板、胶水、双面胶、尺子、剪刀、铅笔等。
2. 经验准备：幼儿制作过其他手工物品。

活动过程

1. 认识收纳盒，了解它的功能。

◆ 师：这是什么？它是什么样的？

◆ 师：它是收纳盒，由很多小格子组成，为了方便我们在日常生活中收纳一些零碎的小物品或衣物等，它可以让我们的生活变得更加整洁。

2. 欣赏各种各样的收纳盒。

◆ 师：生活中你还见过什么样的收纳盒？

◆ 出示图片，引导观察更多收纳盒。

◆ 师：生活中收纳盒的种类真多，有各种颜色、大小、形状、材质而且格子数量也不同，可以满足不同物品的收纳。

◆ 师：你最喜欢哪个收纳盒，为什么？你觉得它可以收纳什么物品？

3. 出示洗涤中心收纳区照片，激发幼儿自制袜子收纳盒的兴趣。

◆ 提问：幼儿园的洗涤中心每天都有很多晒干的袜子被收下来，可是幼儿园的收纳盒远远不够，怎么办？

◆ 提问：自制收纳盒可没那么简单，你们看老师给你们准备了什么？（鞋盒）还有哪些材料和工具？（硬纸板、胶水、剪刀、铅笔、尺子、双面胶等）

4. 教师示范收纳盒分格的做法，请幼儿尝试制作收纳盒。

◆ 提问：有了那么多材料，先想一想你要做一个几格的袜子收纳盒呢？可以用什么材料来分格？

◆ 教师演示，讲解制作方法和步骤。

◆ 提问：老师是用什么材料做分格的？（硬纸板）我是怎么做的？请你来说一说。

5. 幼儿尝试自制袜子收纳盒。

◆ 教师巡回指导，重点帮助有困难的幼儿，提醒幼儿注意安全操作。

6. 作品展示、幼儿交流。

◆ 师：你最喜欢谁的作品？说说你的理由。

◆ 师：你能否给自己制作的收纳盒添一些装饰，让你的收纳盒更完美？（结合各自制作的实际情况，完善收纳盒）

活动延伸

★ 请幼儿在美工区动手制作不同的收纳盒。

★ 把自制的袜子收纳盒投放到洗涤中心，引导幼儿进行袜子收纳。

活动反思

本次活动以洗涤中心遇到的实际问题引发幼儿自制袜子收纳盒的兴趣与愿望，发挥了幼儿的主体性。幼儿在积极参与中锻炼了动手实践能力。通过引导幼儿欣赏各类收纳盒，为他们自制收纳盒做了经验铺垫。自制过程中，幼儿自己运用硬纸板制作中间分格的部分难度较高，在教师引导下许多幼儿能认真动脑去完成，但整体超时。所以教师在活动设计前对幼儿的能力和经验要做好研究，每个环节设计都要符合本班幼儿的实际情况。

（陆琦文）

方案47：洗洁精创意石榴画（大班美术）

活动目标

1. 在了解石榴色彩和结构特点的基础上，完成一幅石榴的作品。
2. 培养幼儿的操作能力，体验洗洁精作画的乐趣。

活动准备

1. 物质准备：每组提供实物石榴2个（1个完整、1个切开）。课件以及石榴绘画作品若干幅。绘画操作材料：泡泡纸、剪刀、白色卡纸、洗洁精、马克笔、油画棒、彩色勾线笔、高光笔、水粉颜料、吸管、棉签、一次性纸杯。每组配置绘画操作步骤图。
2. 经验准备：幼儿对洗洁精有一定了解。

活动过程

1. 活动导入。

(1) 以猜谜语的方式，让幼儿了解石榴的基本特征。

- 谜语1：圆圆脑袋红坛子，装满珍珠小果子。（打一水果）
- 谜语2：兄弟姐妹多，同睡一个窝。脸蛋红红像玛瑙，哈哈大笑嘴巴破。（打一水果）

(2) 引导幼儿说一说自己对石榴的了解。

- 引导幼儿观察实物石榴，充分调动幼儿的经验，对石榴有一个直观的认识。
- 师：这是什么？它叫什么名字？它长在哪里？
- 师：石榴长得什么样？你们吃过石榴吗？它是什么味道的？（引导幼儿观察并比较桌上完整的石榴和切开的石榴）

(3) 重点引导幼儿观察石榴的内外特征、石榴子的颜色和排列方式。

- 师：石榴子红红的像一颗颗红宝石，酸酸甜甜的非常好吃，含有丰富的维生素，可以提高我们的免疫力。（让幼儿尝一尝石榴）
- 师：石榴子在圆圆的大房子里面一颗挨着一颗排得非常的紧密。

2. 观看课件，欣赏石榴作品，进一步增加幼儿对石榴的了解，为创作做铺垫。

- 师：我们观看了很多关于石榴的图画和绘画作品，它们用了不同的材料和不同的方法进行绘画。

（指导要点：重点引导幼儿了解创作方法和使用的创作材料。）

3. 指导幼儿分组创作。

（1）教师介绍不同组的操作材料和操作方法，引导幼儿观察组内的操作步骤图。幼儿根据自己的意愿选择小组进行创作。

（2）幼儿绘画。

第一、二组：马克笔渐变色的学习，感受马克笔绘画和与线条相结合的乐趣。

操作步骤：在白色卡纸上画出石榴外形；将泡泡水点在石榴轮廓内，表现出石榴子的形态；用马克笔画出石榴表皮的颜色；用彩色勾线笔和高光笔画出石榴子的形状，并画出石榴子的暗面和高光；丰富画面内容。

第三、四组：学习简单的调色，通过拓印和绘画结合的方式表现石榴的色彩。

操作步骤：用水粉颜料调出石榴子的红色；准备红色石榴子颜色的泡泡水；用剪刀将泡泡纸剪出石榴子的轮廓；在泡泡纸上涂上颜料，拓印在白色卡纸上；用红、黄两色油画棒画出石榴表皮的颜色；丰富画面内容。

第五、六组：用吹泡泡的方式绘画石榴，体验创造的乐趣。

操作步骤：在纸杯内倒入 1/3 的洗洁精兑水，加入石榴子色的颜料，用吸管搅拌均匀；用吸管往水里吹气至出现很多泡泡（注意往水里吹气而不是吸气，教师需要做强调和提醒）；将成堆的泡泡落在纸上，等自然干透；用马克笔或油画棒画出石榴的外形；丰富画面内容。

4. 幼儿分组操作，教师巡回指导。

◆ 重点引导幼儿注意每组人员数量的合理安排。

（1）引导幼儿注意颜料的运用，把握作品表面的湿度。

（2）提醒幼儿根据操作步骤图进行操作，帮助能力弱的幼儿完成一些有难度的步骤。

（3）鼓励幼儿大胆操作，遇到问题同伴间可以相互协商解决。

（4）提醒幼儿注意材料的运用，保持画面的整洁、干净。

5. 展示幼儿作品。

◆ 将幼儿作品展示在展板上，师生共同讲评、分析作品。

活动延伸

★ 洗洁精除了可以进行吹泡作画，还可以进行各类有关洗洁精的小实验。

活动反思

本次活动尊重幼儿的意愿，根据创作方法分了不同的三大组，让幼儿自主选择创作组。虽然幼儿前期有过相同的选择经验，但是在实际选择过程中还是出现了人员不均匀的状况，教师及时引导幼儿进行了小组内的协商，调整了人员的安排。在以后的活动中，教师应多强调自主选择时要注意人员的均衡，避免出现过多或过少的现象。本次活动在操作材料方面做了充分的准备，为了增强幼儿的创作能力，教师选择了三种不同的绘画材料和方法。考虑到大班幼儿会看操作步骤图，于是在每个组内都提供了相应的操作步骤图，方便他们的操作。在绘画过程中，操作步骤图起到了关键的作用，因为时间等各方面的原因，操作步骤图是教师准备的，在以后的活动中可以尝试活动前让幼儿根据自己已有的绘画经验准备、创作操作步骤图。从活动效果来看，大部分幼儿都能进行大胆的创作，只是在材料的运用方面，个别幼儿不太熟练，有待多加指导和锻炼。在作品讲评环节，大班孩子语言表达能力比较强，加上绘画经验比较丰富，能从亮点、不足两方面讲评同伴作品。

（施晓萍）

方案48：无患子手串（小班美术）

活动目标

1. 引导幼儿学习制作无患子手串的正确方法，体验动手操作的乐趣。
2. 提高幼儿手部的灵活性和手眼协调的能力。

活动准备

1. 物质准备：儿歌《穿珠子》，穿好的无患子手串若干，一端打结的绳子若干，带孔的无患子和塑料珠子若干。
2. 经验准备：幼儿有过穿珠的经验。

活动过程

1. 教师引导幼儿朗读儿歌《穿珠子》，激发幼儿参与活动的兴趣。

附：

儿歌《穿珠子》

穿珠子，穿珠子，

拿起小绳子，拿颗小珠子。

对准孔眼穿过去，穿成一串长珠子。

2. 教师将幼儿分组，并出示穿好的无患子手串，请幼儿认真观察和学习。
3. 教师启发幼儿根据小组观察的结果，说一说制作无患子手串需要的材料。

◆ 师：你知道这么漂亮的无患子手串在制作时需要哪些材料吗？

4. 鼓励幼儿大胆猜想制作无患子手串的方法。

◆ 师：利用这些材料，我们可以怎样做无患子手串呢？

5. 教师讲解制作无患子手串的方法，幼儿认真倾听学习。

◆ 左手拿着无患子，右手拿起绳子的一端，将绳子对准孔眼穿过去。

◆ 用左手的食指和拇指捏住无患子，右手拉住绳尖将绳子拉出来。

◆ 从左到右，将无患子及塑料珠子按照自己喜欢的方式一颗一颗从绳子上穿过去。

6. 幼儿开始动手制作无患子手串，教师巡回指导。
7. 教师帮助穿完珠子的幼儿在绳子的另一端打结，并请幼儿互相欣赏和评价各自的作品。

8. 教师引导幼儿从无患子和塑料珠子排列的整齐度、颜色、美观程度等方面进行评价。
9. 教师鼓励幼儿将制作好的无患子手串送给自己喜欢的伙伴或者家人。

活动延伸

★ 提供多样的串珠材料和无患子果核,引导幼儿按规律穿珠,提升幼儿的数学经验。

活动反思

本次活动的开展很好地提高了幼儿手部的灵活性和手眼协调的能力。他们不仅学习了穿珠子的正确方法,还体验到了动手操作的乐趣。首先,活动符合幼儿的年龄特点,能激发幼儿的探究兴趣,通过看一看、摸一摸让其产生探究的愿望。其次,活动材料中的无患子和塑料珠子具有开放性特点,有多种组合的可能性,能激发幼儿接近材料,自由地用自己的方式进行操作、变化和组合。幼儿能根据自己的需要和兴趣选择材料是他们主动学习的重要前提和基本条件,幼儿在活动中有不同的发现,教师应给予他们时间、空间自由发挥。穿珠子可以培养幼儿做事的专注能力,家长也可以准备一些大的珠子或纽扣,给幼儿一根细线或丝绳,引导他们把珠子或纽扣一个个穿起来,做成项链,这不但可以增强他们手指的灵活性,可以训练幼儿在练习时集中注意力。安全方面,活动开始之前,教师需要提醒幼儿不要将无患子及塑料珠子放进自己的鼻子、嘴巴、耳朵里面,讲清楚小圆珠的危险性,在活动中也要时刻提醒幼儿,注意自身安全。

(张金珍)

方案49:木槿,你真好!(中班科学)

活动目标

1. 引导幼儿多感官探索木槿花、叶等,并能大胆表达自己的发现。
2. 知道木槿是一种天然的洗涤植物,初步感知木槿与人类洗涤的密切关系。

活动准备

1. 物质准备:关于木槿的介绍视频,园内木槿花图片,园内洗涤中心周边的木槿。
2. 经验准备:幼儿在前期已经调查木槿的资料并完成调查表《关于木槿,我知道!》。

活动过程

1. 参观木槿种植区,引起幼儿兴趣。

◆ 师:小朋友们,仔细看看洗涤中心周围都种着什么植物。你们认识它们吗?

◆ 师:它们的名字叫木槿,你们还在哪里见过它们?(路边)我们生活中为什么种着这么多木槿?(让幼儿了解木槿在生活中的作用,如净化空气、做栅栏)

2. 观察木槿叶。

◆ 师:你用小眼睛看一看,木槿的叶子是什么样的?你还见过什么叶子也是这样的形状?

◆ 师:小手也可以摸一摸,正反两面摸上去有什么感觉?

◆ 师:小鼻子凑近去闻一闻,有味道吗?

(指导要点:教师引导幼儿运用五官感知木槿叶子的形状、颜色、正反等,引导幼儿说出木槿的叶子像菱形;木槿的叶子像三角形;木槿的叶子像锯齿一样;木槿叶边缘的锯齿有的大有的小,不都一样大;木槿叶子的边缘不光滑、不整齐;木槿叶子上有绒毛等描述其形状或者特点的完整句子。)

3. 了解木槿的花。

◆ 师:木槿会开花吗?它们什么时候开花?它们的花是什么样的呢?请把你的调查结果分享给我们。

(指导要点:教师引导幼儿大胆交流自己的调查结果,进一步丰富幼儿的经验。)

◆ 小结:木槿一般在7—10月开花,品种有很多,开的花也是不同的。

◆ 通过观察图片,进行园内木槿花的对比。

◆ 师:我们幼儿园内就有两种木槿,开的花还不一样。请你们仔细看看这些图片。

(指导要点:幼儿对比观察花的不同,说一说哪里不一样。)

◆ 小结:木槿开出的花有单瓣和重瓣两种,层层叠叠的叫重瓣,只有一层花瓣的叫单瓣。

4. 木槿的作用大。

◆ 师:木槿除了有净化空气的作用,它还有很多的本领,你知道吗?

◆ 小结:原来木槿它的用处这么大,它的叶子可以变成洗涤材料,它的花还可以食用、药用(汁液捣烂外敷)……

活动延伸

★ 木槿洗发体验:教师与幼儿一起去洗涤中心进行活动体验,感受植物与人类的关系、自然与生活的关系。

★ 种植木槿:了解木槿的生长过程,了解基本的种植方法,引导幼儿在园内种植木槿、照料木槿,通过参与体验,关注自然与生活。

★ 制作木槿汁液:采摘树叶、漂洗树叶、捣树叶等活动,锻炼动手能力,通过探索感受植物的神奇。

活动反思

木槿在日常生活里还是很常见的,尤其在马路两边特别多,我们幼儿园里也种植了多年的木槿树。但由于幼儿缺乏对于木槿的关注以及了解,木槿成了幼儿生活里常见而陌生的风景。因此,有必要使幼儿形成对木槿的正确认识,了解木槿的特征、用途等,激发幼儿对植物的探索欲望。

在本活动中,教师尽量为幼儿提供参与的机会,多感官探索木槿叶的外在触感和形态,让幼儿在看一看、摸一摸、比一比中获得感知。根据幼儿最近发展区,梳理有用经验以及值得提升的经验点,引导幼儿了解木槿的作用以及它与人们日常生活的关系,感受自然的神奇,热爱自然,树立生态意识。从活动的效果来看,幼儿对这一活动还是十分有兴趣的。在活动中他们积极发言,大胆说出自己的想法,能够仔细认真地观察形形色色的叶子,并能找出其不同之处。

（宋文婷）

方案50：种下一棵木槿树（大班综合）

活动目标

1. 关注木槿的生长,愿意连续观察与记录木槿的生长变化。
2. 亲身体验种植木槿的过程,学习基本的种植方法和劳动技能。
3. 乐于参与木槿种植活动并能和同伴相互合作,体验种植木槿的成功感和快乐。

活动准备

1. 物质准备:幼儿园洗涤中心周边的种植空地(已整理),木槿树苗(30—50厘米)若干,有关种植木槿的视频,小铲子、小水桶、手套、记录表若干。
2. 经验准备:大班幼儿已观察过木槿,对木槿的生长环境和照料方法有一定的了解;参与过种植活动,会使用一些基本的种植工具。

活动过程

1. 观看视频,了解植树节的由来。

◆ 师:小朋友们,今天是什么节日？为什么会设立植树节呢？（观看视频）

◆ 小结:植树节是为了鼓励人们爱护树木、重视树木。因为树木对人类的生存和地球的生态环境有着重要作用。

◆ 师:今天老师为你们准备了很多小树苗,这些都是什么树？它有什么作用？

◆ 小结:木槿的作用可多了,它有净化空气的作用,它的汁液还可以做成有用的洗涤用品,它是我们人类的朋友。

◆ 师:今天是植树节,我们在洗涤中心周边的种植地里种上木槿吧!

2. 讨论种植木槿的方法及工具。

◆ 师:你们知道种植木槿树需要准备些什么吗？

◆ 师出示PPT并小结:需要木槿树苗、小铲子、泥土、手套、小水桶等。

3. 了解种植木槿的步骤。

◆ 我们准备了那么多的工具和材料,怎样才能把木槿树苗种好呢?

◆ 欣赏PPT——种树的步骤。

(1) 用铲子挖一个坑。挖坑时,根据木槿树苗的大小挖合适大小和深度的坑。

(2) 把木槿树苗轻轻地放进坑里。

(3) 盖上泥土。

(4) 洒水。

◆ 师:你们记住种植木槿的步骤了吗?谁来说一说?

(指导要点:重点引导幼儿掌握正确的种植顺序,边说边模仿种树的动作。)

4. 幼儿合作种植木槿树苗。

◆ 师:小朋友们来挑选木槿树苗,开始种植吧。

(1) 提醒幼儿安全使用工具。

(2) 挖多大多深的坑需要根据木槿树苗根部的大小。

(3) 提醒幼儿浇水时避免弄湿衣物。

(4) 幼儿之间互相合作。

5. 幼儿分享自己调查了解到的知识,最后结合实地调查的图片以及查阅的资料,与幼儿一同得出结论:木槿的生长喜光喜湿。

活动延伸

★ 本次活动后可引导幼儿调查木槿的生长条件和照料方法,请幼儿绘画制作属于自己的木槿名牌,挂在自己种植的木槿上。

★ 鼓励幼儿连续观察木槿的生长,进行观察记录,获得木槿生长的经验。

活动反思

在种植木槿的活动中,教师以"植树节"话题导入萌发了幼儿种植木槿的愿望。同时,充分给予幼儿操作、探索的机会,引导大班幼儿通过查阅收集资料,丰富对木槿的认知经验,了解其生长环境、条件和简单的种植方法,为种植木槿活动做好充足的经验准备。在种植环节,请幼儿合作种植,在讨论中解决实际种植时的问题。整个活动中幼儿积极参与,主体地位凸显。在教师的耐心指导下,幼儿初步学会了合作种植木槿的方法,他们也在活动中感受到了种植的快乐。因为活动中幼儿会使用一些种植工具,所以教师一方面要做好相关的安全教育,另一方面要重视活动中的规则,强调工具使用、取放等规则,把幼儿生命安全放在首位。

方案51：认识皂角树（中班科学）

活动目标

1. 观察认识皂角树的叶子、花、皂角、皂角刺,知道皂角树有雌雄之分。
2. 简单了解皂角、皂角米、皂角刺等的功能和作用。
3. 尝试使用多种方法摘皂角并在活动中学会保护自己。

活动准备

1. 物质准备:洗涤中心的皂角树,竹竿、梯子等能摘皂角的工具和材料。
2. 经验准备:幼儿有前期调查皂角的相关知识。

活动过程

1. 认识皂角树的叶。

◆ 师:小朋友们,今天老师带你们来到了这棵大树下,你们知道它是什么树吗?

◆ 师:抬起头观察一下皂角树的叶子,看看它是什么样子的,像什么。

◆ 小结:皂角树的叶子是双数羽状复叶,小叶子有4—7对,小叶片的形状呈现椭圆形,有3—8厘米长、1—3.5厘米宽,边缘有细细的锯齿;枝干上尖尖的东西是皂角树的刺;黑灰色的果实就是皂角。

(指导要点:此环节幼儿通过观察用语言描述皂角树叶的外形特征,教师再引发幼儿想一想哪些树叶也是这样的,让幼儿的思维得到发散。)

2. 皂角树的花。

◆ 提问：通过调查你知道皂角树会开花吗？花长什么样子？

◆ 师小结：皂角的花有雄花、雌花和完全花，都是穗状花絮，同一棵树上或以雄花为主，或以雌花为主，或以完全花为主。皂角树的花期在 4 月或 4 月下旬，花期为半个月左右，花瓣呈淡黄色，每朵花有 4 片花瓣。

3. 分辨皂角树的雌雄。

◆ 师：我们人类分为男孩、女孩，动物也分雌、雄，皂角树也有雌雄之分。那么我们这棵皂角树是雄的还是雌的呢？

◆ 观察对比图片，学习区分雄雌皂角树。

◆ 师：仔细观察图片上的雌雄皂角树有什么不同。

◆ 小结：皂角树的雌树结皂角能力强，刺多而壮，叶片大而厚。皂角树的雌株一般情况下看起来会更加的高大一些，雄株恰恰相反，树相对矮小一些，同时表面的刺也

会少一些。

- 师：你学会辨别皂角树的雌雄了吗？请你看看洗涤中心的这棵皂角树是雌的还是雄的？

（指导要点：幼儿通过观察皂角树结的皂角的多少、叶子的大小、刺的样子来区分雄雌。）

4. 认识皂角、皂角刺，了解其功能。

- 师：我们来看这棵树干上尖尖的是什么，上面长的一个个灰色东西又是什么，它们都有什么功能。

- 小结：灰色的果子就是皂角树的果实叫皂角，它们有的肥肥的，有的瘦瘦长长的，加水可以用来洗衣服，还能制成洗发水或做成食物等。肥肥胖胖的皂角还能做成肥皂，这就是"肥皂"这个名字的由来。刺刺的东西叫皂角刺，它也是个宝贝，把皂角刺磨成粉后可以入药。

- 师：皂角树全身都是宝，下一次我们试着用皂角在洗涤中心洗洗我们的小衣服吧！

活动延伸

★ 结合幼儿的兴趣，后续可延伸出"摘皂角"的活动，带领幼儿采摘皂角并学习统计皂角的数量等。

★ 延伸皂角的多种功能，引发多种活动，如"皂角研磨成粉""皂角装饰"等。

活动反思

幼儿园的洗涤中心周围有几棵皂角树，幼儿每次经过都能引发很多问题："这是什么树，为什么长刺？""这些果子是什么？"教师基于幼儿感兴趣的话题设计了本次活动。幼儿在观察中加深了关于皂角树的各部分认知经验；通过提前查询网络资料等方式知道皂角树浑身是宝。由于皂角树在幼儿平时的生活中并不太常见，因此幼儿对于皂角树的知识储备不是特别充足,教师在后续活动中还应采用多样的方式带领幼儿进一步探索皂角树,关注其生长过程,发现皂角的奥秘。

(吴雪娟)

方案52：摘皂角(大班科学)

活动目标

1. 幼儿通过摘皂角会辨别成熟的皂角,了解皂角的品种、用途。
2. 知道皂角浑身是宝,如何利用皂角来方便我们的日常生活。
3. 体验摘皂角活动带来的快乐,培养对周围事物探究的能力。

活动准备

1. 物质准备:幼儿每人一顶太阳帽、竹钩子(摘皂角工具)、篮子若干、筐两个。
2. 经验准备:幼儿有过树上摘东西的经验,在树上摘东西懂得保护自己,做好安全防护。

活动过程

1. 辨别成熟的皂角。

◆ 师:今天我们又来到了皂角树下,看看,这棵皂角树上有什么?皂角变成什么颜色了?这个颜色的皂角说明了什么?

- ◆ 小结:皂角的颜色变成黑褐色了,说明它已经成熟了,可以采摘啦。
- ◆ 师:今天老师就要请小朋友们想办法摘下这棵皂角树上的皂角。
2. 讨论摘皂角的方法。
- ◆ 师:小朋友们,这棵皂角树非常的高大,树枝上还有很多尖刺,那我们该如何去采摘皂角呢?
- ◆ 小结:刚刚小朋友们说得都很好,我们可以用梯子去够,实在够不着的地方可以请保安叔叔来采摘,也可以把钩子绑在长长的竹竿上,试着把皂角钩下来。
3. 幼儿尝试摘皂角。
- ◆ 提醒幼儿整个活动要注意安全,保护自己。同时,要懂得团结合作,配合好!
- ◆ 教师指导幼儿采摘,协助个别幼儿。

4. 集中讲评(讨论),分享经验。
- ◆ 幼儿讲讲摘皂角的方法和辨别成熟皂角的经验。
- ◆ 幼儿讲后,教师加以小结。
5. 幼儿分散尝试第二次摘皂角。
- ◆ 师交代要求:幼儿采摘后,把皂角按品种倒入两个筐内。

活动延伸

★ 摘下来的皂角,可开展"皂角研磨成粉"的活动。

★ 幼儿可以选择喜欢的皂角进行美术"皂角变变变"活动,在上面用颜料绘画或者轻粘土手工,制成"艺术品"。

活动反思

幼儿特别想去摘皂角,尤其是在那皂角还青青的时候就特别的好奇,终于等到皂角成熟了,可以摘了。在摘皂角前,教师要精心布置,准备前期经验,活动中的注意事项以及安排,活动后的总结反思。当幼儿第一次尝试采摘皂角的时候,他们一股脑儿把皂角都采摘下来,因为采摘有困难。第一次采摘过后进行总结:我们需要怎样的皂角?如何区分成熟的皂角?有了第一次采摘的经验,幼儿第二次的采摘明显轻松了很多,也知道有针对性地采摘,也知道了如何进行分类。采摘的过程还是非常困难的,以个别小组的形式进行活动能够保障幼儿的安全,同时也能更有效地进行采摘。皂角树非常高,对于幼儿来说,爬梯子也还有些够不着,教师准备了很多梯子,在保安叔叔的带领下,幼儿在梯子上用竹钩子钩,能够钩下来一些,幼儿非常兴奋,也增强了他们继续采摘的欲望。休息时,大家一起讨论钩下来的皂角,幼儿发现钩下来的皂角还有些嫩,需要钩成熟一些的,那样才是接下来需要用到的皂角,于是再次尝试把皂角钩下来,这一次,采摘小组胆子大了一些,也更加得心应手了,采摘的皂角质量也提高了很多。

(吴雪娟)

第四章　管理与保障

一、制度建设

洗涤中心的规章制度主要包括使用制度、维护制度、卫生制度以及评价制度等。

(一) 使用制度

(1) 洗涤中心是幼儿园组织开展各类洗涤活动的场地,使用者为各班教师以及幼儿。无特殊情况下,洗涤中心不得用于其他活动。

(2) 洗涤中心的使用时间为周一至周五的上午 9:00—11:00,下午 14:00—15:45,如遇调休,随时调整。

(3) 各班教师参考园部制定的《洗涤中心活动安排表》带领幼儿参与活动,也可根据本班个性化需要提前进行线上预约登记后方可进入洗涤中心活动。

(4) 各班需按时、按需进入洗涤中心活动,不可无故缺席,如有特殊情况应提前取消洗涤中心活动预约。

(5) 各班教师需注意观察幼儿在洗涤中心活动时的表现,及时做好相应活动记录;注意幼儿在洗涤中心活动安全,以免发生意外。

(6) 每次活动结束后,各班教师需做好《洗涤中心活动反馈表》的记录工作。

(二) 维护制度

(1) 洗涤中心的门锁钥匙由保安队长保管,活动室每天的开、关门由保安队长负责。若因活动需要,需提前开门或延迟关门,必须提前向洗涤中心管理员说明,由洗涤中心管理员转告保安队长。

(2) 洗涤中心的使用者(主要包括教师和幼儿)应爱护洗涤中心室内、室外材料和工具设备等,还应掌握它们的使用方法,使用前应认真检查设备、工具等的完好程度,如发现材料、工具、设备等存在安全隐患以及有损坏、缺失、数量不充足等情况,各班(教师或保育员)需及时向洗涤中心管理员上报。

（3）洗涤中心物品外借使用、材料领取等必须登记。未经洗涤中心管理员同意，任何人不准擅自拆卸任何设备、工具等，亦不准擅自把设备、工具等拿出洗涤中心外使用。

（4）洗涤活动结束后，教师需及时带领保育员和幼儿共同做好洗涤中心的整理工作，摆放好材料、工具、桌椅等。离开洗涤中心时，需关好门窗，检查电源、水龙头等是否关闭。

(三) 卫生制度

洗涤中心的卫生工作由专人负责，工作人员需保持室内地面清洁，做到"四无"：无灰尘、无痰迹、无瓜皮果壳、无纸屑，保持门窗、桌橱明亮、清洁，做好消毒清洁工作，具体要求如下。

（1）空气消毒。每日开窗通风至少3次，每次至少30分钟；每天1次紫外线消毒，每次1小时。

（2）地面和物体表面消毒。保持地面清洁干燥，湿式清洁。每周至少1次使用含有效氯500毫克/升的消毒液拖地消毒，作用30分钟后再用清水拖地。操作台及材料使用浓度为含有效氯250—500毫克/升的消毒液，表面擦拭，浸泡消毒30分钟，每周至少1次。

（3）垃圾分类管理。每日清洁，每周至少1次使用浓度为含有效氯250—500毫克/升的消毒液喷洒或擦拭。

(四) 评价制度

（1）成立以园长为组长，副园长为副组长，教研组长、园内骨干教师等为组员的洗涤中心评价小组。评价小组成员通过定期组织各年级组开展教研活动(如洗涤中心室内外环境的创设、洗涤资源的开发和利用、洗涤中心活动的组织与指导等方面)，进一步引领、保障全园教师开展好各类洗涤活动。

（2）洗涤中心管理员通过定期检查洗涤中心登记、反馈表以及调查走访等方式对洗涤中心的各项情况(使用、维护、卫生情况等)进行及时评价、整改。

（3）每次洗涤活动的前、中、后，带班教师需及时进行活动效果分析，对活动中出现的问题做好记录，便于以后修改。(如幼儿对活动的兴趣、活动内容的适宜性、活动环节设计的合理性、活动延伸等方面)

二、安全保障

(一) 洗涤中心设施设备管理

为保障洗涤中心正常的活动秩序,加强对洗涤中心设施设备的管理,更好地发挥洗衣机、空调和显示器等设施设备在洗涤活动中的作用,促进园所洗涤文化的发展,特制定本制度。

(1) 洗涤中心设施设备定位放置,成立由后勤园长、财务、技术人员组成的洗涤中心管理小组;建立设备技术档案和固定资产总账及分类账;每学期清点核对一次,做到账账相符,账物相符。

(2) 加强对洗涤中心设施设备的检查、保养、维修,做好通风、防潮、防火、防盗、防尘、防磁、防腐蚀、防静电、防雷击、防病毒、安全用电等工作,建立洗涤中心设施设备台账和档案,其内容包括安全设施设备的主要性能参数、投用时间和地点、历次检修记录、检测记录和设备更新情况等。

(3) 由班级或个人保管的洗涤中心设备,开学初由班主任和使用人填写《设备领用登记表》,办理领用手续,并设专人管理。活动过程中临时需要设备,使用人须提前填写《设备使用通知单》,办理使用手续。所有设备均应在学期末归还学校,集中保管。

(4) 所有归还的洗涤中心设备均应由专人检查验收,并做出验收记录。对人为损害或因违反操作规程、使用不当造成的损害,应追究责任,并按有关规定赔偿。发生设备丢失时,先由洗涤中心管理小组调查寻找,明确责任后,由责任人按照责任比例予以赔偿。

(5) 洗涤中心设施设备使用过程中的正常损坏、故障,应及时向洗涤中心管理小组报修,个人不得随意拆装维修;失去使用价值的设备,经技术鉴定确认后,报园长和相关领导审批,及时报废,并办理财产报废注销手续。

(6) 班级进入洗涤中心活动前,教师应提前向幼儿进行设施设备使用和活动常规培训,加强管理与指导,提醒幼儿保护洗涤中心内的设施设备,未经允许不得随意操作使用设备。

(7) 班级使用洗涤中心结束后,教师须检查洗涤中心内的设施设备是否完好,确认关闭后方可离开,洗涤中心管理小组将对班级使用情况进行记录考核。

(二) 洗涤中心材料管理

洗涤中心各类材料由洗涤中心负责人负责采买与管理,各小组成员协助管理。中心负责人根据洗涤中心材料库存清单,及时增补各项洗涤工具和材料,保证活动的材料支持。各小组成员在活动结束之后填写《材料使用清单》,方便负责人后续统计和清点各类材料。

洗涤中心外部洗涤相关植物的种植和采摘需由小组成员和幼儿共同维护和采摘,小组成员在保障幼儿安全的前提下,可放手将一些养护、采摘的工作交给幼儿。由于园内洗涤区域有限,可由小组成员事先研讨活动内容,从时间、空间上做出相应的划分,最大限度地满足每班幼儿的活动和体验。

(1) 洗涤中心管理小组需在每学期开学第一周制订出本学期洗涤中心所需的材料计划,经园长审批后,由后勤园长统一购买并验收。因活动急需购买物品时,必须先写一份申请报告,由专人购买,购买物品票据齐全,交园长审批后方能报销。

(2) 建立洗涤中心材料的出入库记录表,由财务负责管理,详细记录材料名称、出入库的时间、数量、领取人、记录人。定期清点材料库存,及时加仓。

(3) 调配区的自然材料如皂角、木槿和无患子等,需要分类摆放在阴凉处,用于展示的材料需放在储物罐中进行密封保存,由于储物罐为玻璃材质,应摆放在展示柜上层,幼儿触碰不到但能观察到的位置;调配区的工具如剪刀、锤子和捣碎器等,需要统一放置在指定地点,使用前应由教师进行安全指导,在使用存在风险的工具、使用化学材料时需要佩戴专用手套并提供足够的操作空间和时间。

(4) 收纳区中间横梁上的滑轮设计,方便幼儿拉动滑轮取下储物篮中的吹风机,横梁上的插座设计,保证幼儿使用吹风机的安全,幼儿使用吹风机时必须有教师在一旁指导;收纳区收纳柜的物品应按照材料性质如上衣(短袖、长袖、外套、棉服、羽绒服)、下装(中裤、长裤),鞋子和玩具等分类摆放,配饰如围巾、头饰、眼镜等应放置在指定区域。

(5) 进入洗涤区进行活动时幼儿须穿着防水服和雨靴,严格按照区域人数规定安排,避免拥挤,保证足够的操作空间,教师应在旁指导,棒槌、水盆、刷子等应统一放置在指定区域。

(6) 操作台上可根据活动需要提前摆放相关操作材料,如在调配区的操作台上可以提前放置一些自然材料和操作工具。在正常情况下应保持操作台的干净整洁,操作台的幼儿人数应严格按照规定安排。

(7) 晾晒区的晾衣竿、衣架和夹子存放在指定区域,幼儿可自行拼搭使用,使用结束后应及时收回。若需晾晒，教师应提前关注天气情况，且不可大面积占用公共区域。

（8）户外种植区用于种植与洗涤有关的自然植物，由专人负责照料，师幼应爱护、尝试照顾种植区内的植物，若需采摘皂角、木槿、丝瓜筋等自然材料，应提前向洗涤中心管理员报备。

三、人员配备

（一）洗涤中心的人员管理

成立洗涤中心管理小组，设置专门负责人统筹规划洗涤中心大小事务，幼儿园内各班级班主任作为小组成员协助管理。洗涤中心管理小组成员在开展活动中遇到的困难、存在的问题须及时向负责人汇报，便于负责人及时了解情况，小组共同商讨解决策略。关于各种洗涤物品的采买，小组成员需要书面申请，经负责人核实审批方可按渠道购置。

园内领导班子监督、检查洗涤中心各项工作的整体开展情况，定期抽查洗涤中心活动安排记录和各项设备使用维护情况，若发现问题，及时整改更新。洗涤中心负责人应每日检查活动过后各项设施，发现故障及时报修。排查用水、用电等安全隐患，清点各区域材料用具，核查各耗材使用清单，做好相关检查记录。

1. 幼儿自主管理

洗涤中心实行由专任教师主要管理、幼儿自主协助管理的制度。各班级幼儿通过选取组长、区域负责人等形式，对洗涤中心内各项物品进行管理，主要是清理和摆放工作。对有特殊要求的区域，如物品登记区、收纳区则应做好相应标记并登记在记录本上。游戏结束之后，负责的幼儿应仔细清点各类物品，如有出现损坏、缺失情况及时上报负责老师。参与游戏的幼儿也应遵守洗涤中心内各区域的规则，服从治理人员的管理，爱护洗涤用品、洗涤工具等。

2. 专任教师管理

专任教师作为洗涤中心的主要负责人，由每班的主班老师担任，每个年级组设有一位组长，负责统筹规划、值班表的排表。专任教师依据值班表的时间对洗涤中心内的物品进行清点和登记。在活动前，对于要使用到的洗涤物品，如各种洗涤植物原材料、制剂的化学物品等须进行清点和使用登记，同时须做好洗涤中心内各个环节的安全排查工作。组长对于洗涤中心采购的物资要进行清点和登记，对于洗涤中心内外借的物品，必须经过组长的批准和签字，如外借物品出现损坏或遗失，应照价赔偿。

3. 保育员管理

每次活动结束之后,所属班级保育员须将洗涤中心内卫生整理干净,对地面、桌椅进行消毒,做好每次的卫生登记,在幼儿走后须关闭电源,关好窗、锁好门。如因失职造成损失,则按损失程度,追究事故责任。

(二)专家支持

1. 洗涤领域专家对洗涤中心的支持

与幼教名师、专家搭建面对面交流平台,保持定期的指导与联系。专家们的针对性指导、科学的建议能进一步激发教师在洗涤中心教育方面的创新意识,提高实践结合教科研的能力,进一步促进教师对洗涤中心活动的组织。园所也会开展各种不同形式的专家线上研讨活动,通过线上"问诊把脉",让教师在专家的引领、带动下发挥更好的示范、辐射作用。教师可以将平时在洗涤中心中遇到的问题收集整理好,通过线上与专家们交流和思维碰撞,不断更新和改造洗涤中心的活动。

2. 外聘家长对洗涤中心的支持

家长是洗涤中心教育中重要的资源,可聘用有经验的家长,教授幼儿更多有效的洗涤、制剂的经验。依托古镇悠久的洗涤文化和人文资源,可聘请一些有过洗涤工具制作、洗涤植物种植经验的家长来到幼儿园,指导幼儿相关的游戏活动。对于一些与洗涤中心相关的植物和农作物,可发动周边有资源的家长进行收集,建立多方位的联系。也可聘请有种植经验的家长来园指导幼儿对洗涤植物的种植和养护,教授一些洗涤材料的收集和保存方式。

3. 社区资源对洗涤中心的支持

充分利用社区的自然资源和人文环境,为幼儿在洗涤中心的活动提供更广阔的空间,努力构建幼儿园和社区教育合作一体的长效机制。学校通过对周边社区中的洗涤植物进行调查和统计,整合社区内各类自然洗涤资源,为洗涤中心活动的开展提供有利的自然资源。同时,社区有着丰厚的人文资源,利用古镇流传下来的一些历史洗涤文化,帮助幼儿了解洗涤的发展历程。

四、资源管理

(一)洗涤中心的资源采买和更新

课程资源是幼儿园课程建设的重要载体,丰富多样。适宜的洗涤课程资源蕴藏着幼儿多方面的兴趣与需求,能够支持幼儿在多样化的活动中主动学习、自主探索、建构经验和获得发展。

1. 专人采买、按需添置

洗涤中心设备、工具和材料的进出由洗涤中心管理员负责登记,管理员根据《洗涤中心设备与材料清单》定期清点洗涤中心和仓库的设备与材料,按需添加。班级教师也可根据活动内容向管理员申请添加所需材料,由管理员与财务室对接购买。若发现有设备与材料的损坏、缺失,应立即上报管理员并及时添置。

2. 日常收集、就地取材

洗涤中心的活动离不开洗涤剂。无患子、木槿、皂角等天然洗涤植物作为洗涤剂的原材料在洗涤中心的使用量较大。其数量的多少对洗涤中心的各类活动展开和延展有着重要的作用。由于此类天然植物本身有着不同的生长、成熟周期,因此收集此类天然洗涤材料贵在日常的收集,一方面就地取材,幼儿园内引导幼儿进行收集和保存,另一方面可邀请家长进行园外的大量收集,以此来保证天然洗涤材料的充足。

(二)资源管理的经验和措施

1. 洗涤课程资源一览表的梳理

课程资源是幼儿主动学习的基础,支持着幼儿的自主学习和自主发展。各类洗涤资源既是洗涤课程内容的来源,也是实施课程的条件保障。我园在树立洗涤课程资源建设的意识的同时,重新审视了和梳理了园内外与洗涤相关的各类资源,形成了适合洗涤中心使用的资源一览表。

2. 幼儿园周边的天然洗涤资源的调查

在洗涤中心推进的过程中,我园充分调查幼儿园周围有关洗涤的课程资源,引导幼儿寻找幼儿园周边的天然洗涤材料,鼓励他们用自己喜欢的方式或图示的表征记录每一种资源的种类和功能,形成一个包括自然资源、社会资源、文化资源、科技资源等在内的广泛的资源体系。同时,要深入研究每一种洗涤资源的挖掘、收集、利用和储存的过程,研究每一种资源的功能,研究不同资源之间的协同和配合,最大限度地发挥资源的教育价值。根据幼儿的兴趣和需要,我园组织和改造资源,将基本资源和辅助资源有机结合起来。从幼儿的年龄特点出发,确保活动资源的可选择性、可获得性、适宜性和挑战性,真正满足幼儿活动的需要,促进幼儿的持续学习。在今后,我们还要深入关注幼儿利用资源进行互动的过程,发现问题,加强指导,使资源在活动的过程中真正转化为幼儿的经验。

3. 三级课程资源库的建立

我园一方面统筹周围生活中的各类实物资源、社会专家资源和网络信息资源等,形成内容科学、管理有序、应用有效的幼儿园课程资源库;另一方面,关注洗涤课程资源建设的过程,形成收集整理的习惯,及时分类归档,逐步累积,不断优化,为幼儿园课程实践提供服务与支持。自课程游戏化实施以来,我园更加关注洗涤课程资源的开发与利用,从园级、年级、班级不同层面设置了三级"洗涤课程资源库"。三级课程资源库的建立从幼儿学习特点出发、以满足幼儿的发展需要为宗旨,为教师工作的有效性和专业性提供支持,发挥搜集、整理、加工、存放和传递共享洗涤课程资源等服务职能。